中国社会科学院创新工程学术出版资助项目

Agricultural Reform
and Development
in
China

中国农业改革与发展

李周 著

社会科学文献出版社

SOCIAL SCIENCES ACADEMIC PRESS (CHINA)

前　言

本书是社会科学文献出版社与德国施普林格自然出版集团共同出版的《中国梦与中国发展道路研究》系列丛书中的一本。它从八个方面向国内外读者介绍中国农业改革与发展概况。

第一章论述中国农业发展历程。在几百万年的历史中，人类绝大部分时间以采集与渔猎为生，依靠自然界提供食物。在采集和渔猎过程中，为应对人口增长引发的食物稀缺，先人们把植物栽培成作物，把野兽驯化为家畜，把飞鸟饲养为家禽，由此形成了原始农业。原始农业的出现是人类开始生产食物的标志，也是文明时代诞生的标志。先人们发明的用地与养地相结合的耕作方法，使我国的农地能在集约耕种的情形下保持地力长久不衰。有的学者认为最近300年中国走向衰落同农业停滞有关。其实，这段时间工业革命对农业的影响还很有限，中国农业仍具有相对优势。中国经济颓势加剧的主要原因是：一直以农业为立国之本，未能主动进行产业结构和就业结构升级，产业融合的家庭经营也制约了分工分业的发展。

第二章论述农业改革的背景和基本经验。1949年新中国成立后，为赶超发达经济体，我国对农业实行了扭曲工农业产品贸易条件、统购统销政策和人民公社体制三位一体的经济制度。凭借着这套制度，我国在人均GNP很低的欠发展阶段达到了10%以上的积累率，在较短的时间内建立了初步完整的工业体系。该阶段最大的问题是农民受益甚少，很多农民的生活处于贫困状态。所以，中国的经济改革是从农村贫困地区率先展开的。农民获得土地经营自主权后，生产积极性高涨。按可比价格计算，1979 – 1984 年农业总产值年平均增长 7.6%，加上农产品价格提高，农民人均纯收入年均增长 15%，大部分农民的温饱得到解决。中国农业改革实际上是沿着两条线索同时展开的。一是应对贫困的挑战而实行的家庭联产承包责任制，二是应对周边地区发展更快的挑战而实行的对外开放。中国农业改革的经验是：经济发展的巨大能量蕴藏在农村，市场导向是农业增长的重要因素，向农民赋权是挖掘农业潜力的关键举措。

第三章论述中国农业基本经营制度。20 世纪 80 年代以前的农业基本经营制度，旨在集中农业剩余，加快推进工业化进程；20 世纪 80 年代和 90 年代的农业基本经营制度，旨在激发亿万农民的生产积极性，解决温饱问题；现在的农业基本经营制度，旨在促进各类农业经营主体的充分竞争，消除农业经营规模过小对农业技术应用的制约和农业比较效益偏低对农民从事农业生产积极性的制约。随着口粮田和土地养老重要性的下降、农地生产功能和资本功能的分离，农民和地主的分化，以及从事农业机会成本的增大，以家庭为基础、超小规模的农地资源配置方式已经越来越不适合农业发展的要求。本章在论证核心农场是最重要的新型农业经营主体的基础上，探讨了识别核心农场的三个条件，分析了核心农场面临的挑战，提出了加快培育核心农场的建议。

第四章概述新中国成立以来的农业发展。改革前中国农业结构处于相对稳定阶段。1952 年至 1978 年，种植业产值占农业总产值的份额由85.9% 下降到 80.0%，平均每年减少 0.23 个百分点。改革后中国农业结构进入快速变化阶段。在 1978 年至 2008 年的 30 年里，种植业产值占农业总产值的份额由 80.0% 下降到 50.1%，平均每年减少 1 个百分点。2008 年至 2013 年，在粮食不断提价的影响下，农业结构调整方向有所变化。30 多年来，在农产品产量稳速增长和人口增长减缓的共同作用下，目前除乳制品外，中国农产品人均占有量已经达到世界平均水平，人均食物占有量已经达到东亚地区其他经济体的平均水平。改革前我国各地区农业生产有较强的相似性。改革以来我国各种农产品生产的集中度不断提高。例如，13个粮食主产区占全国粮食总产量的份额由 1949 - 1959 年间的 69.21% 提高到 2010 - 2012 年的 77.78%，增加了 8.57 个百分点。按 1978 年不变价格计算，从 1978 年到 2014 年，我国平均每公顷耕地的生产力由 779 元提高到 4296 元，年均增长 4.86%。人均劳动生产率由 1017 元提高到 9483 元，年均增长 6.40%。随着天然林保护、退耕还林、退牧还草、退田还湖等一系列重点生态工程的实施，森林、草地和湿地三大生态系统逆向演替的局面已初步得到扭转。

第五章论述中国农业与农业政策转型。具体包括：农业经营制度出现了由集体经营向家庭经营转型，由超小规模经营向适度规模经营转型，由强制性管理向诱导性管理转型。农业结构出现了耕地由雨养农业为主向灌溉农业为主转型，农业由种植为主向养殖为主转型，畜禽业由分散养殖为主向集中养殖为主转型，水产业由捕捞为主向养殖为主转型，农产品贸易由净出口向净进口转型。农业政策出现了从集中农业剩余向支持农业发展转型，从全面扶持向重点扶持转型，粮食从数量安全向质量安全转型，从发展生产到保护生态转型。总体上，农业发展从经济发展向社会发展转型。

第六章从产品、资源、生态和消费四个层面论述了粮食安全。中国粮食生产的技术效率为 0.795，还有较大的改进空间，规模效益为 0.957，改进空间不是很大，扩大土地经营规模的主要作用是降低生产成本。研究表明，经营规模每增加 1 亩可降低成本 2% ~ 10%，即农业经营规模的扩大对增加农民收入和提高农业竞争力具有显著作用。

第七章从耕地非农化、非粮化、低效化、耕作强度下降和农业竞争力下降五个方面论述了中国农业发展面临的挑战。

第八章论述农业发展目标和愿景。中国农业发展目标是：到 2030 年，初步建立以土地适度经营规模为基础，以高素质农民、高新技术、先进装备为动力，以生产作业外包体系、农产品市场体系、支农工业体系、宏观调控体系为支撑，适应小康生活要求、国际竞争要求和可持续发展要求的现代农业。农业发展途径是：由应对农产品数量需求拓展到应对农产品质量需求，由应对单一的农产品需求拓展到应对农产品和能源需求，由保障农产品供需平衡拓展到提升农产品国际竞争力，由保障农民增收拓展到保障农民权利。农业发展政策是：将替代农户规避风险的政策转换为激励农户追求效益的政策，将黄箱政策转换为绿箱政策，将生产补贴政策转换为生态补偿政策，将实物形态的产权政策转换为价值形态的产权政策，将方针政策转换为法律法规。农业发展愿景是：农民享有完全的国民待遇，农民拥有充分竞争的机会，农民掌握新增的知识和技能，农业具有国际竞争力。

中国农业改革与发展的目标，是建立一个包括生产、技术、制度、组织和管理现代化的农业，一个消除了弱质性、具有自生能力和国际竞争力的农业，一个在劳动力、资本等方面能同第二产业、第三产业竞争的农业，一个能让市场在资源配置中发挥决定性作用的农业。这个目标达到以后，农业方能真正成为国民经济和国家现代化的基础、国家最大限度减税的基础和所有产业开展充分竞争的基础，农民方能成为体面的职业，农村方能成为安居乐业的家园。

目录

目
录

第一章

历史上和改革前的
中国农业

本书的主题是阐述改革 30 多年来中国农业的发展。为了让读者对中国农业发展的总体历程有一个概略的了解，本章对改革前的 30 年、300 年和 3000 年的中国农业做一个简要的梳理。

一　3000 年的中国农业

1. 农业的起源

在人类几百万年的历史中，中华民族的先民们绝大部分时间以采集与渔猎为生，依赖自然界提供的食物。在采集和渔猎的过程中，他们逐渐把植物栽培成作物，把野兽驯化为家畜，把飞鸟饲养为家禽，由此形成了原始农业。原始农业的出现，是人类开始用自己的劳动生产自己所需的食物的标志，也是文明时代诞生的标志。农业的起源是一个漫长的、渐进的过程。原始农业最初并不占有重要地位，它仅是采集和渔猎活动的补充。

原始农业是在最容易耕作的地方诞生的。黄河流域的大部分地区覆盖着原生或次生的黄土，土层深厚，结构松软，植被稀疏，极易垦耕。这是该地区成为中国原始农业起源地之一的重要原因。

先人们最早感受到的是水对农业造成的危害而不是它能够带来的好处，所以最初采取的是消除水害的措施。这是原始农业中最早出现的是用于排水的沟洫体系而不是灌溉渠系的重要原因。①最初的沟洫是以农户为单元配置的，虽然农户尺度上的沟洫配置都是合理的，但它们加总在

---

① 农田沟洫体系用于排水而不是灌溉的主要理由是，灌溉渠系应从引水源开始，由高而低，把水引到田面，而不会从田间的畎开始，依次经由遂、沟、洫、浍，逐级加宽加深，最后通于河川。黄河流域原始农业遗址大多在黄河支流两岸的台地上，台地的坡降很小，排水不畅，发展农业必须处理好排水问题，农田沟洫体系正是适应这种要求而出现的。

一起却难以成为一个相互配合的有机整体，这样的沟洫体系显然会影响排水效果的发挥。针对存在的问题，农田沟洫配置出现了农户合作，随着农户合作尺度的扩大，农田的沟洫体系变得越来越合理了。

先人们花了很大力气为农田修建沟洫，自然不愿轻易轮耕或休耕，于是发明了可实现农田连续种植的垄作法。所谓垄作法，就是把六尺（2米）宽的畦做成三沟三垄，种子播在沟中，出苗后锄垄土壅苗，渐至垄平，垄和沟的位置年年轮换，使耕地中利用部分和闲歇部分轮番交替，实现土地的用养兼顾。从土地利用上看，这种在同一块地上轮流耕种的垄作制农地利用方式与西方国家在不同地块上实行二圃制农地利用方式相比，土地利用既更为集约也更为合理。为了保障连续耕作的有效性，先民们又创造了轮作倒茬方法。所谓轮作倒茬，就是在不同的年份或不同的耕作季种植不同的作物。鉴于完全依赖自然过程恢复地力难以满足连续耕作的要求，先民们采取了施肥措施。垄作制度、倒茬方法和施肥措施三位一体，实现了用地和养地的有机结合，这是中国农地在集约耕种的情形下地力长久不衰的重要原因。

水对农业的危害得到控制之后，先人们开始考虑引水入田，以资雨水不足。春秋时期，铁制农具的出现和尔后进行的改进又大大提高了先人们开展农田水利建设的能力。需要指出的是，虽然黄河流域的灌溉得到了发展，但受水资源稀缺的约束，旱作农业仍然是该地区农业的主体。先人们在探索如何充分利用土壤中的水分的过程中，逐渐形成了以防旱保墒为中心，包括施肥改土、品种选育和轮作倒茬等内容的"耕—耙—耢—压—锄"① 相结合的旱地农业耕作技术体系。

---

① 这里的耕、耙、耢、压、锄都是指作业，不是指工具。其中，耕是用锄头或犁翻地，此时土块较大。耙是用耙把较大的土块弄小，使地块基本平整。耢是用耢把较小的土块弄细碎，消除地块表面凹凸不平引起的蒸腾，以更好地保墒。压是用碌碡压，是为了使小麦根系与土壤密接，增强其根系对水分的吸收能力，促进分蘖，并抑制地上部生长，促进地下部生长，防止冬小麦上部长势过旺，寒潮来了受冻害。锄一是除去杂草，二是锄松土壤，使其表层含有很多气隙，阻断水分蒸腾，三是促进植物的根向土壤深处生长，以便获取更多的水分和营养。

简言之，原始农业走的是先求保收、再求稳收和多收的技术路线。

其他类型的原始农业的起源具有相似性。例如地处亚热带和暖温带的长江流域，雨量充沛，水源充足，河湖密布，河湖两旁的冲积平原，土壤肥沃，极易耕作。这是长江流域成为中国农业起源另一个中心的重要原因。湖区农业是从枯水季节在湖滩地上种植水稻开始的。[①]最初的水稻生产采取火耕水耨的形式，就是用火把湖滩地上的杂草残茬烧掉，然后灌水种稻；所谓水耨，就是在稻苗生长期间灌水淹草。为了提高湖滩地耕作的稳定性，先民们筑堤，将湖滩地改造成湖田。进而又筑堤把面积较大的低洼沼泽地围住，外以捍水，内以护田，堤上设闸排灌，达到旱涝保收。堤内的田叫圩田或垸田。在江岸或江中沉积的沙滩或沙洲，开沟引水排水，垦为水旱无忧的良田，叫沙田或渚田。湖田和圩田是长江中下游地区农田的主要形式。为了解决围田与蓄洪排涝之间的矛盾，需要定时疏浚河道，由此逐渐形成了河网化的塘浦圩田体系。[②]

在耕作水田的过程中，先人们研制出了适合育秧移栽的整地要求的耙—耖，创制了曲辕犁，发明了耘荡，形成了与烤田、排灌、促进土壤熟化等技术密切相连的耕—耙—耖—耘—耥[③]相结合的水田耕作体系，以及水旱轮作、稻麦两熟的复种制度。这是水田精耕细作技术体系形成的标志。

2. 农业的发展

古代农业的发展是从农地改良、农艺改善、农具改进和顺应农时四

---

① 李根蟠：《中国古代农业》，商务印书馆，2010。
② 缪启愉：《太湖地区塘浦圩田的形成和发展》，《中国农史》1982 年第 1 期。
③ 这里的耕、耙、耖、耘、耥，都是指作业，不是指工具。其中，耖是在耕、耙后用耖将土块弄得更细碎，使地块更平整。耘是用耘（一种农具）除去作物植株周围的草，并把除去杂草的泥土聚集在作物植株周围。耥是将耥（一种农具）放入稻田中，顺着稻行株距的走向前后推动，把稻田弄平，并清除杂草。

个方面推进的。

（1）农地改良

农业是从辟土造田开始的，但不同的时期，辟土造田的重点区域有所不同。秦汉时期的重点是黄河流域的黄土区，唐宋元时期的重点是长江中下游的平原区，明清时期的重点是中西部的丘陵山地，以及边远的牧区和林区。从表1-1可以看出，中国的耕地面积是逐渐增加的，由春秋战国时期的2.3亿亩，增至秦汉时期的5.72亿亩、明代的10.7亿亩和清末的16亿亩。从长期看，辟土造田是阶段性的工作，农地改良是持续性的工作，即农业生产所依赖的主要是人工肥力而不是自然肥力。在持续的农地改良的探索中，土地改良技术得到了长足的发展。具体的措施包括如下几种。

表1-1 中国耕地面积的变化

朝代	耕地面积（亿亩）	农村人口（万人）	农民人均占有耕地（亩）
春秋战国	2.30	2240	10.27
秦汉	5.72	4200	13.62
魏晋南北朝	3.85	3500	11.00
隋唐	6.42	6300	10.20
宋辽金元	7.20	8400	8.57
明（1600）	10.70	14000	7.64
清（1800）	10.50	21000	5.00
清（1840）	14.00	28000	5.00
清（1911）	16.00	32200	4.97

资料来源：卜风贤：《传统农业时代乡村粮食安全水平估测》，《中国农史》2007年第4期。

第一，改地。对北方的盐碱地，除了沟洫排盐、灌水洗盐、放淤压盐外，还采取种植耐盐树种和深翻窝盐等办法。对南方的冷浸田，则采取犁冬晒垡，开沟烤田，熏土暖田和施用石灰、骨灰、煤灰等办法。中国的耕地大多是逐渐改造成良田的。

第二，养地。鉴于农地完全依靠自然恢复无法满足连续耕作的要求，先民们采取了一系列养地措施。一是用水淹或火烧方式使芟除草木变成肥料。二是将作物秸秆、糠秕、枯草树叶、动物皮毛骨羽等充当肥料。三是将人畜粪溺充当肥料。四是将草皮泥、河泥、塘泥和水生萍藻充当肥料。五是种植苜蓿等绿肥作物。六是种植大豆等养地作物。七是引泥沙含量高的河水和洪水溉田，将河淤运到田里，把灌水和肥田二者结合起来。八是将榨油后的枯饼、酿造后的渣糟充当肥料。为了提高养地的效果，还采取了发酵腐熟等提高肥效的措施。这是我国土地生产率不断提高而地力长久不衰的主要原因。

第三，整地。鉴于天气既无法改变也难以控制，先民们把适应农业环境条件的努力放在整地上。翻地后先用耙把坷垃耙碎，再用耱把表土耱细耱平，切断土壤毛细管，避免水分蒸发，形成上虚下实、保水保肥性能良好的耕层结构。播种后及时镇压，使种土相亲，并连通土壤的毛细管，把土壤中的水分提上来，以利出苗。

第四，用地。所谓用地是指优化土地利用结构。汉代出现了塘水用于灌溉，塘内养鱼种莲，堤上植树的用地模式。明清出现了低洼地挖池，堆土为堤，池中养鱼，堤上植桑，桑叶饲蚕，蚕屎饲鱼，池泥壅桑的用地模式，如桑基鱼塘、果基鱼塘、蔗基鱼塘、稻基鱼塘等。明末清初出现圩外养鱼，圩上植桑，圩内种稻，桑叶饲羊，羊粪壅桑的用地模式。这些用地模式巧妙地利用农业生物之间的互养关系，组成合理的食物链和能量流，提高了用地效果。

（2）农艺改善

第一，栽培。一是代田法，把六尺宽的畦做成三沟三垄，种子播在沟中，出苗后锄垄土壅苗，渐至垄平，垄和沟的位置年年轮换，使耕地中利用部分和闲歇部分轮番交替，劳息相均，用养兼顾。二是亲田法，每年选出部分耕地，加倍精耕细作、施肥灌水，轮流培肥地力。三是精耕法。借助于耕—耙—耱—压—锄这一精细而巧妙的耕作体系，消除春

7

旱和低温的威胁，促进作物生长；借助于耙耧把土壅在麦根上，达到保墒保暖和抑制小麦冬前生长的功效。

第二，合理密植。形成行列整齐、通风透光的作物群体结构，便于间苗除草，排灌互补，改变涝渍返碱的土壤环境，创造良好的农田微气候。

第三，轮作倒茬。一是豆科或绿肥作物与禾谷类作物轮作，以增强地力，减轻病虫害和杂草的危害。二是间作套种，充分利用耕地、作物生长季节和物种间相生相克关系达到趋利避害的功效。它要求高秆与矮秆、喜阳与喜阴、深根与浅根以及生育期和肥料需求不同的各种作物合理搭配，互不妨碍，互相促进。三是多熟种植。南方地区出现以稻为主的两熟制乃至三熟制，北方地区出现以麦为主的一年二熟或二年三熟制。多熟种植通常与轮作倒茬、间作套种相结合，一方面尽量扩大绿色植物的覆盖面积，另一方面尽量延长耕地里绿色植物的覆盖时间，使地力和太阳能得到充分利用，以提高单位耕地面积产量。这是对水、肥和耕作管理要求都很高的耕作制度。

第四，选种。中国的传统方法是：年年选种，以积累优良性状；经常换种，以防止退化；选种、繁种和防杂保纯相结合。

第五，育种。选取一个具有优良性状的单株或单穗，连续加以繁殖，直至培育出新品种。基本做法是：单独种植，加强管理，单收单藏，作为第二年的大田种子；种子储藏保持干燥，防止生虫。播种前除去秕粒，然后晒种，有时采用药物拌种、浸种催芽等方法。

第六，引种。我国栽培的农作物不少是从国外引进的，如粮食中的小麦、玉米、高粱、番薯、马铃薯，纤维中的棉花，油料中的花生、芝麻等。中国的先民们不但善于创造，而且善于借力，他们几乎引入了一切能种在自己国土上的植物。小麦是原产于西亚冬雨区的越年生作物，既不适合黄河流域冬春雨雪稀缺的自然条件，也不适合南方稻田渍水的环境。为了种植这种外来农作物，先民们开展了长期的适应性改进。明清时期，耕地面积的扩张同玉米、甘薯和马铃薯的引入和推广有很强的相关性。这些外来物种为开发贫瘠山区和高寒地区、增加食物总供给，做出了巨大贡献。玉米对土壤、气候条件的要求不高，种收省工，高产耐饥，没有完全成熟也能采食。玉米作为粟谷的替代物最初在山区种植，后来扩展到华北、东北等平原地区，成为重要的粮食作物。甘薯引入后，恰遇福建因台风灾害发生饥荒，其被当作救荒作物种植，为灾民度荒发挥了重要作用。这使甘薯在长江流域、黄河流域等地获得迅速推广。马铃薯生长期短、适应性强，无论在气候冷凉地区还是瘠薄山地，均可种植。

第七，杂交。人类干预动物遗传变异的最常用的方法是种内杂交。此外，还开展动物种间杂交育种。例如马和驴杂交，育成具有耐粗饲、耐劳役、挽力大、抗病力强等优点的骡。黄牛和牦牛杂交，育成肉、乳、役力均优于双亲的犏牛。

（3）农具改进

第一，作业工具。熟铁农具代替了铸铁农具后，农具的坚韧和锋利程度显著提高，农具种类更多、专用性更强。水田整地工具除耕、耙、耖外，秧田平土有平板，大田平土有田荡，中耕有耘荡等。经过改进，许多农具更为灵巧、高效、省力，如翻土用的曲辕犁，中耕用的耧锄，收割用的推镰。最值得一提的是将直长辕改为短曲辕。曲辕犁有三个特征：一是富于摆动性，操作时可以灵活转动和调节耕深耕幅；二是装有曲面犁壁，具有良好的翻垡碎土功能；三是可由单牛挽拉，单人操作，简易性达到了极致。

第二，灌溉工具。春秋时有了利用杠杆原理提水的桔槔，东汉末创制了利用齿轮和链唧筒原理汲水的翻车，即龙骨车。最初的人力驱动翻车是手摇的，后来改为脚踏，唐代出现了畜力驱动翻车，宋元之际发明了水力驱动翻车。元明之际又有了风力驱动水车。

（4）顺应农时

农作物大多是一年生植物。要使其萌芽、生长、开花、结实与气候的周期节奏保持一致，必须根据生物对气候变化的反应所透露的信息去掌握农时，在此基础上巧妙地安排各种农业生产活动。于是先人们潜心观测天象，并形成了二十四节气。二十四节气以土圭实测日晷为依据，准确地反映了地球公转所形成的日地关系。在二十四节气形成的同时，先人们又整理出与之配合使用的七十二候。中国农业由此形成了因时、因地、因物制宜的原则。

3. 农业发展的成效

农业发展的成效可以用农产品总产量、单位耕地面积的平均粮食产量和人均粮食占有量的提高来表达。相比较而言，单位面积耕地上的平均粮食产量是更为稳健的指标。在历史上，农产品总产量是根据纳税量和纳税耕地面积反推出来的。用该指标来衡量农业发展成效会受到三个方面的影响：一是纳税对象和标准被调整的影响，二是纳税耕地面积与实际耕地面积差异的影响，三是各个朝代疆域不同的影响。人均粮食占有量则会受到人口总量因战争、瘟疫等因素发生急剧下降的影响。

关于中国的粮食亩产量，学者们做了很多探析。根据查阅到的史料，有的学者估计了特定朝代或特定地区的粮食亩产量，有的学者估计了历代的粮食亩产量。从这些研究成果可以看出，虽然学者们估计的粮食亩产量有所不同，但他们大多认同粮食亩产量会随着时间推移逐步提高的判断。所不同的是，有的学者做了熨平处理，例如赵冈（2001）和吴存浩（1996），有的学者没有做熨平处理，例如吴慧（1985）和余也非（1980）。

无论是用史料中特定年度的数据做分析，还是随机地选择一些年份的数据做分析，粮食亩产量出现波动是很正常的。但是，用粮食亩产量的变化来评估中国几千年来的农业发展，必须熨平波动。熨平波动要从三方面入手：一是用多年度的平均粮食亩产量来熨平波动，把特定年份之间的差异消除掉；二是用已有研究成果的相互验证来熨平波动，把过于偏离变化趋势的极端值消除掉；三是从远期数据与近期数据的对接入手熨平波动，把远期数据高出近期数据的问题解决掉。做这个调整的基本假设是：远期特定年份的粮食亩产量有可能高于近期特定年份的粮食亩产量，但远期的粮食平均亩产量不可能高于近期的粮食平均亩产量。

学者们强调波动，旨在说明灾害、战争、垦殖等历史事件对粮食单产的影响。灾害、战争、垦殖对特定年份或少数年份粮食亩产量的影响确实是显著的，但是它们对上百年乃至几千年的粮食平均亩产量的影响却是非常有限的。所以，探析近3000年的农业发展，一定要熨平波动，将它们的影响消除掉，而不是把它们的影响凸显出来。

灾害。水旱等灾害一方面会造成粮食减产或绝收，另一方面会促进能适应此类变化的野生动植物的生长和繁殖。例如，湖区种植业和水产业的关系是："滨湖水滋稼败，而鱼虾聚焉；若水旱不侵，年谷顺成，则鱼稀至"。大水灾之后，农民"或采菱、芦、藕以谋生""或收鱼、虾、鳖、介以给食"[1]。1930年代，冀朝鼎先生搜集了大量的实例，以论证我国南北各地洪水泛滥给位于冲积平原、河谷或者旧河床、旧湖床等处农田耕地带来的施肥作用，即所谓"秋禾所失，夏禾倍偿"。[2]

战争。从短期看，战争对农业的负面影响是非常大的。但从长期看，其对农业的影响是有限的。研究大尺度的农业发展进程，不宜夸大战争的负面影响。

垦殖。自然肥力较低的边际土地被开垦出来以后，会对粮食平均亩产量产生负面影响，但新垦的耕地与耕地存量相比是微不足道的。对于经营了几千年农业的中国来说，每年新增耕地与耕地存量相比是非常有限的，

---

[1] 夏明方：《近代中国粮食生产与气候波动》，《社会科学战线》1998年第4期。
[2] 冀朝鼎：《中国历史上的基本经济区与水利事业的发展》，中国社会科学出版社，1992，第20~21页。

其对粮食平均亩产量的影响就更加有限了。更为重要的是，耕地肥力是可以培育的。从长期看，耕地自然肥力对粮食平均亩产量的影响会越来越小。

从表 1-2 可以看出，学者们对粮食平均亩产量的估计部分很相近，部分有些许误差。这些数据为我们熨平波动提供了一个很好的基础。从图 1-1 可以看出，粮食平均亩产量由 40 斤[①]增加到 80 斤和 120 斤，各自都用了大约 1500 年的时间；粮食平均亩产量由 120 斤增加到 160 斤和 200 斤，分别用了大约 600 年和 400 年的时间。4000 年来，中国的平均粮食亩产量，前 3000 年具有递减增长的特征，后 1000 年具有递增增长的特征（参见图 1-1）。

表 1-2　中国历代粮食亩产量的估计

单位：斤/亩[②]

	夏	商	周	战国	秦	汉	魏	晋	隋	唐	宋	元	明	清
杨　贵	40	61	83											
吴 存 浩				91		110	120			124	142		155	155
卜 风 贤				91	122	122			124	124	140	140	155	155
赵　冈						110				125	183			296
闵宗殿等						120				116				
葛 金 芳											198			
陈 贤 春												244		
周 国 林						120								
余 也 非					88	97	94	94	91		84	116	156	
尾上悦三（转引自吴慧）														214

① 据估计，渔猎和采集时期的平均人口承载力为 0.02～0.03 人/km²，原始农业的平均承载力为 0.5～2.7 人/km²，后者是前者的 25～90 倍。这里隐含了大约百分之一的土地被用于原始农业的假设。引自陈耀邦主编《可持续发展战略读本》，中国计划出版社，1996。

② 关于中国历代粮食亩产量的探析，被引用最多的是吴慧先生的中国历代粮食亩产研究。如果采用吴慧先生的研究结论，清后期与清中期相比平均亩产量要减少 100 多斤或 1/3。笔者认为出现这种情况的可能性不大，所以没有引用吴慧先生的数据。

续表

	夏	商	周	战国	秦	汉	魏	晋	隋	唐	宋	元	明	清
许道夫														
曹贯一						88								
姜守鹏											165		245	
	40	61	83	91	105	110	107	94	108	122	152	167	178	212

资料来源：杨贵：《对夏商周亩产量的推测》，《中国农史》1988年第2期。吴存浩：《中国农业史》，警官教育出版社，1996，第63～84页。卜风贤：《传统农业时代乡村粮食安全水平估测》，《中国农史》2007年第4期。赵冈：《农业经济史论集——产权、人口与农业生产》，中国农业出版社，2001，第20～32页。闵宗殿、董恺忱：《关于中国农业技术史上的几个问题》，《农业考古》1982年第2期。葛金芳：《宋辽夏金经济研析》，武汉出版社，1991，第135页。陈贤春：《元代粮食亩产探析》，《历史研究》1995年第4期。周国林：《关于汉代亩产的估计》，《中国农史》1987年第3期。余也非：《中国历代粮食平均亩产考略》，《重庆师范大学学报（哲学社会科学版）》1980年第3期。吴慧：《中国历代粮食亩产研究》，中国农业出版社，1885，第198～199页。许道夫：《中国近代农业生产及贸易统计资料》，上海人民出版社，1983，第338～339页。曹贯一：《中国农业经济史》，中国社会科学出版社，1989，第204页。姜守鹏：《明清北方市场研究》卷二，东北师范大学出版社，1996。

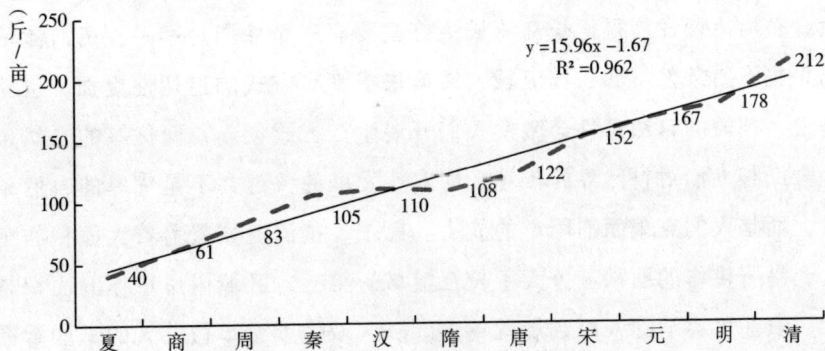

图1-1 中国各个时期粮食平均亩产量

4. 中国农业的特点

中国作为世界农业起源的三个中心之一，与其他两个中心相比具有鲜明的特点。第一，中国的种植业以粟黍和水稻为主，西亚以小麦和大麦为主，中南美洲以马铃薯、倭瓜和玉米为主。第二，中国的养殖业以猪、鸡、水牛为主，西亚以绵羊和山羊为主，中南美洲以羊驼为主。第三，中国的农业起源具有多元性。黄河流域是以种植粟黍为主的旱地农业，长江流域是以种植水稻为主的水田农业，华南地区是以种植块根、块茎类食用作物为主的雨养农业。各种起源的农业都为农业的发展做出了应有的贡献，具有同等重要的地位。

有文字记载的4000多年来，中国农业经历了无数次大大小小的天灾人祸，但中国农业发展历程没有中断过。中国凭借着一套精耕细作的农艺技术，使其单产达到很高水平。耕地种了几千年而地力不衰，堪称奇迹。中国农业的强大生命力，是中华文化得以持续发展的最深厚的根基。

在数千年里，我国的人口分布主要是由农业发展条件决定的。我国人口最早集聚在更易于垦殖的地区。随着工具的改进进而垦殖能力的提高，我国人口逐渐集聚到更适宜农作物生长的地区。原始农业的初始阶段，黄河流域发展得比长江流域更好主要有三个原因。第一，黄河流域的采集渔猎条件不如长江流域，转换采集渔猎方式的迫切性更强。也就是说，严峻的自然条件会激发人们开展生产方式创新，而优厚的自然条件会助长人们对自然界的依赖，即农业发展的关键并不是优厚的自然条件，而是人们克服面临困难的能力。第二，黄河流域覆盖着大面积的黄土，易于耕作的面积显著大于长江流域。第三，区域内可耕作的面积越大，农业可容纳的人口数量就越多。以区域做度量单位，人的平均智商是没有差异的。农业可容纳的人口越多，能人总数就越多，农业耕作方式得到改进的概率和频率就越大，农业技术体系趋于完善的条件就越好。由于农业发展条件的改善是东部快于西部，中部快于北部，于是出现了人口逐渐向东部和中部转移的变化。

二　300 年的中国农业

中国的经济发展在很长时期内都是很不错的，经济的衰败是近 300 年（1644～1949 年）里发生的事情。这是笔者把这个阶段单列出来进行讨论和分析的主要原因。贝洛赫的研究表明，在工业革命（1750 年）前，各国之间以真实人均收入指标衡量的经济水平，基本上是相等的。即便是最发达国家与最不发达国家相比，也仅为 1.8∶1。[1]麦迪森的计算结果也得出了相似的结论。按照他的计算：1700 年之前，世界各国的发展差距不大，中国人均 GDP 略高于世界平均水平。其中，公元 1 年至 1000 年，中国经济总量占世界经济总量的比重为 25% 左右，公元 1000 年至 1500 年减少到 23% 左右，虽有下降，但仍高于中国人口占世界总人口的份额。1700 年之后，中国经济增长低于世界平均水平，优势逐渐丧失。1840 年至 1950 年期间，世界经济取得了前所未有的巨大进展，经济总量增加了 6 倍多，人均 GDP 提高了 2.8 倍。由于中国的人均 GDP 处于缓慢增长阶段，与世界平均水平的差距逐渐拉大。1870 年，中国经济总量占世界经济总量的比重降为 17%，1913 年降为 8.9%，1950 年降为 4.5%。1820 年，中国人均 GDP 是世界平均水平的 90%，1870 年减至 61%，1913 年减至 37%，1950 年减至 21%，变成当时世界上最贫穷的国家。[2]

在历史的长河中，任何国家都有可能跌入低潮，中国也没有成为例外。尽管如此，中国为什么会出现衰败，仍然是个需要分析和评估的问

---

[1] Paul Bairoch, The Main Trends in National Economic Disparities since the Industrial Revolution, edit by Paul Bairoch and Maurice Lévy - Leboyer, Londres, The Macmillan Press, 1981.

[2] 安格斯·麦迪森：《世界经济千年史》，伍晓鹰等译，北京大学出版社，2003；安格斯·麦迪森：《中国经济的长期表现：公元 960～2030 年》，伍晓鹰、马德斌译，上海人民出版社，2008。

题。简略地说，1500～1800 年，世界进入工业化起步阶段，遗憾的是中国没有意识到这个变动；1820～1949 年是世界工业化加速期，虽然一些中国人意识到了这一点，但统治当局没有抓住这个机会。这是中国步入衰落阶段的主要原因。

1. 农业处于缓慢增长的常态阶段

有的学者认为，中国农业的顶峰在唐宋时期,[①]进入明清就停滞不前了。如果真是这样，中国经济衰败的分析就可以从农业的衰败入手。然而，更多的学者认为，明清时期的农业仍在继续增长。该时期人口持续快速增长，是做出这一判断的依据。倘若没有农业的继续增长，人口是难以保持持续增长的。

从表 1-3 可以看出，1880 年代至 1930 年代的 50 年间，农业净产值从 99.87 亿元增加到 166.41 亿元，年平均增长率为 1.05%，耕地、就业人数、土地生产率和劳动生产率分别由 63047 千公顷、160118 千人、158.37 元/公顷、62.36 元/人，增加到 93886 千公顷、200444 千人、177.25 元/公顷、83.02 元/人，年平均增长率分别为 0.80%、0.50%、0.23% 和 0.59%。这些数据不支持明清后中国经济处于停滞状态的判断，但支持农业处于缓慢增长阶段的判断。

表 1-3 1880 年代至 1930 年代中国农业生产的发展（币值：1936 年元）

	农业净产值 （亿元）	耕地 （千公顷）	就业人数 （千人）	土地生产率 （元/公顷）	劳动生产率 （元/人）
1880 年代	99.87	63047	160118	158.37	62.36
1930 年代	166.41	93886	200444	177.25	83.02
年增长率（%）	1.05	0.80	0.50	0.23	0.59

资料来源：刘佛丁主编《中国近代经济发展史》，高等教育出版社，1999。

---

① 李根蟠：《论明清时期农业经济的发展与制约》，《河北学刊》2003 年第 2 期。

从已经发表的成果看，勾勒这一时期的农业增长，帕金斯（Dwight Perkins）和麦迪森给出的数据完整性最好。遗憾的是，他们的数据都做出了人均粮食占有量不变的假设。其中，帕金斯假设1840~1935年的近百年里中国年人均粮食占有量均为353公斤，麦迪森假设1650~1952年的300多年里中国年人均粮食占有量均为285公斤。他们在人均粮食占有量不变的假设下根据人口数据推算出粮食总产量；再根据亩均粮食量的估计，推算出粮食种植面积。倘若只有人口和亩均粮食产量数据，采用这种估计方式是可以理解的，但实际情况并非如此。学者们为弄清该时期的耕地面积已经做了很多努力。所以更为适宜的做法是利用亩均粮食产量和耕地总量的估计推算出相应年份的粮食总产量，再根据人口统计资料计算人均粮食占有量。

从表1-4可以看出，何炳棣、吴慧和史志宏三位学者利用史料所做的耕地面积估计非常相近，周荣的估计显著高于其他学者，所以将这三位学者的估计整合在一起，而将周荣的估计排除在外。从图1-2可以看出，虽然留下的几个估计仍有较大的差异，但毕竟具有共同的走向，所以计算了各年份的平均值，并进一步分析它们之间的关系。结果表明，这些数据用多项式拟合的效果最好，R^2达到0.93，但它的变化率太强，外推的有效性较弱。用指数形式拟合的效果位于第二，R^2为0.895，但变动率较低，外推的有效性较强，所以选择了指数形式的回归方程。其他形式不仅拟合效果不好，变化率也很大，所以都舍弃了。

表1-4 最近300年中国耕地面积的估计

单位：千公顷

年份	葛全胜等	何炳棣	周 荣	吴 慧	史志宏	章有义	郑正等
1661	53236	36624	63146	36617	36624		32348
1685	59288	40523		40523	42575		37346
1724	71558	48242	106819	48242	48242		52291
1753		49014	118661	49015	49018		45172

年份	葛全胜等	何炳棣	周　荣	吴　慧	史志宏	章有义	郑正等
1784	72155				50669		46729
1812			149331	52595	52810	70017	48472
1820	77746	52768		50426	51112		46461
1851		50426	140282			71790	46467
1873	77167	50442		50442			
1887	82200	60798		56663		75064	56825
1893	79076						56519
1913	81844					83951	97016
1933	82684						
1949						96293	

资料来源：葛全胜等：《过去 300 年中国部分省区耕地资源数量变化及驱动因素分析》，《自然科学进展》2003 年第 8 期。何炳棣：《南宋至今土地数字的考释和评价》（下），《中国社会科学》1985 年第 3 期。周荣：《对清前期耕地面积的综合考察和重新估价》，《中国社会经济史研究》2001 年第 3 期。吴慧：《清前期粮食的亩产量、人均占有量和劳动生产率》，《中国经济史研究》1993 年第 1 期。史志宏：《十九世纪上半期的中国耕地面积再估计》，《中国经济史研究》2011 年第 4 期。章有义：《近代中国人口和耕地的再估计》，《中国经济史研究》1991 年第 1 期。郑正、马力、王兴平：《清朝的真实耕地面积》，《江海学刊》1998 年第 4 期。

这些工作完成以后，就可以利用耕地面积拟合方程和粮食平均产量拟合方程对相应年份的耕地面积、平均产量进行调整；根据特定年份的人口统计资料估计相应年份的人口数量。基于麦迪森的人口数据具有较强的可比性，将其作为人口数据调整的参照系之一。调整的原则有二：一是消除人均耕地面积的波动性大于单位土地面积产量的波动性，后者大于人均粮食占有量波动性等不合情理的现象；二是尽量体现变化趋势而不是波动。其实，史料上的波动大多是减税免赋等因素造成的，并不是波动的真实反映。

（千公顷）120000
◆葛全胜等　■何炳棣等　▲章有义　✕郑正等

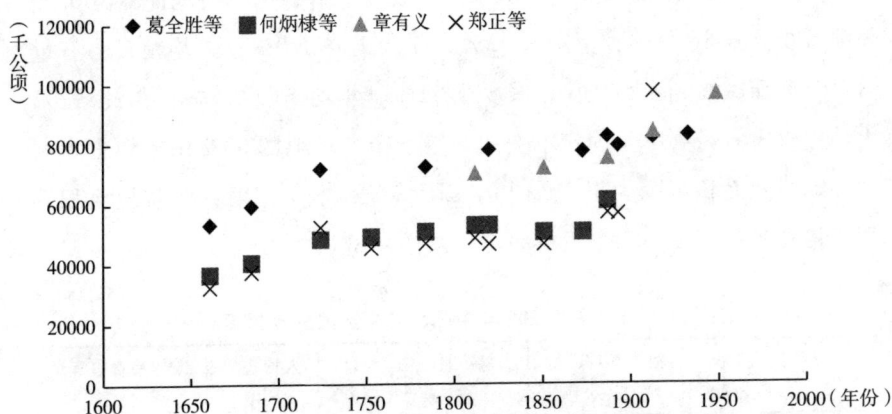

图1-2　最近300年中国耕地面积变化的估计

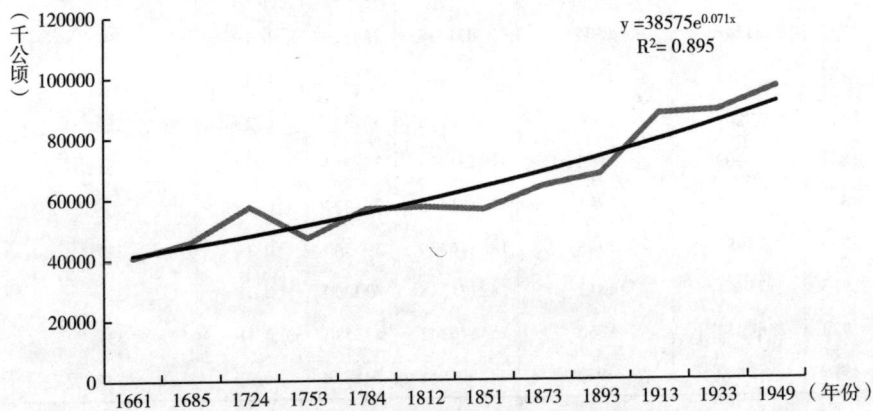

$$y = 38575e^{0.071x}$$
$$R^2 = 0.895$$

图1-3　最近300年中国耕地面积变化的拟合状况

从表1-5可以看出，最近300年，首先人口增长得很快，由1.41亿人增加到5.49亿人，增长了2.9倍，年均增长4.7‰；其次是耕地面积，由4141万公顷增加到9043万公顷，增长了1.2倍，年均增长2.7‰；再次是单位面积耕地的粮食平均产量由每公顷1350公斤增加到1912公斤，增长了0.4倍，年均增长1.2‰；在耕地面积和平均产量双增长的共同作用下，粮食总产量由5591万吨增加到17291万吨，增长了

2.1 倍，年均增长 3.9‰。由于人口增长更快，导致人均耕地面积由 0.29 公顷减少到 0.16 公顷，下降了 45%，年均下降 2.0‰；人均粮食占有量由 397 公斤减少到 315 公斤，减少了 21%，年均下降 0.8‰。由此看出，人均粮食占有量并不是固定不变的。鉴于中国耕地的 80% 用于粮食生产和实际耕地面积至少少报 20%[①]的实际情况，本文把估计的耕地面积等同于粮食种植面积，而不再做一增一减的调整。

表 1-5　最近 300 年中国粮食生产的主要指标

年份	耕地面积 （千公顷）	粮食平均产量 （公斤/公顷）	总产量 （吨）	人口 （千人）	人均耕地 （公顷）	人均粮食占有量 （公斤）
1661	41413	1350	55908084	140831	0.29	397
1685	44461	1402	62333823	170950	0.26	365
1724	47732	1455	69450224	224380	0.21	310
1753	51244	1504	77071428	264110	0.19	292
1784	55015	1553	85438169	286460	0.19	298
1812	59063	1606	94855152	327686	0.18	289
1851	63409	1658	105131974	368913	0.17	285
1873	68075	1711	116475668	381027	0.18	306
1893	73084	1763	128846439	393500	0.19	327
1913	78461	1812	142171718	432000	0.18	329
1933	84234	1860	156676142	473530	0.18	331
1949	90433	1912	172907058	548770	0.16	315

2. 农业并未导致中国经济衰败

（1）该阶段中国农业仍具有相对优势

关于农业生产力的评价，大多是从自然条件、土地质量、劳动技能、技术水平等方面入手的。其实，最为简易的办法是用播种量与收获量的

---

① 转引自吴承明《中国近代农业生产力的考察》，《中国经济史研究》1989 年第 2 期。

比值来评价农业生产力水平。[①]这个比值不仅容易计算，也容易观察到。中国的这个比值超过 1∶20，而欧美国家不到 1∶15，由此表明中国的农业生产力是比较高的。

李伯重针对江南人口最密集地区所做的研究表明，每亩稻田投入的人工数，明末为 12.1 个，清中期为 10.5 个，1936 年为 13.75 个，1941 年为 11.25 个，并没有多大的变化。[②] 由此说明，中国的农业并没有出现衰退的现象。

（2）该阶段中国农业技术差距还较为有限

如果中国经济衰败是由农业造成的，必定是因农业技术跟不上时代步伐造成的。然而，事实并非如此。虽然最近 300 年中国农业技术没有多少令世人瞩目的重大创新，但是农业生产力仍在继续提高。农业部门对外部事务的重视程度越来越高，很多国外品种在中国得到了非常好的应用，并成为推动农业发展的重要途径之一。所以李约瑟认为，中国科技从 3 世纪到 13 世纪一直处于西方望尘莫及的科学地位，自 15 世纪开始逐渐落后欧洲，这种变化最早出现在物理学、天文学和数学领域，然后是化学和生物学，医学和农学相对要晚得多。[③]

（3）该阶段工业革命对农业施加的积极影响还非常有限

虽然该阶段发生了工业革命，但工业革命的成果在很长时间里没有应用到农业部门。例如美国，虽然拖拉机在 1892 年就实现了商业化生产，但一直到 1914 年，只生产了 1000 台。化肥、农药的情形也是如此。也就是说，在这个阶段，欧美国家与中国一样，农业仍停留在畜力时代。在相似的生产力条件下，农业发展不可能出现明显的差距。

---

① 王思明、刘馨秋等：《中国近现代经济与社会转型研究》，中国农业科学技术出版社，2016。

② 李伯重：《明清江南水稻集约程度的提高》，《中国农史》1984 年第 1 期。

③ Joseph Needham and Dorothy Needham, *Science and Agriculture in China and the West Science Outpost*, London：The Pilot Press Ltd, 1948, pp. 253 - 258.

3. 中国经济颓势加剧的原因

（1）自成体系的家庭经营对分工分业的制约

与很多国家不同，中国很早就改长子继承为诸子均分继承。家庭内的农地平均30年就要分一次。30年内土地增加一倍或若干倍的家庭很少，而兄弟二人或多人分家的家庭却很多。由于土地扩张的速度赶不上男丁增长的速度，土地经营规模必然变得越来越小。据对16省55个地区的调查，农户稻麦平均耕作面积，1890年为20.3亩，1910年降至15.9亩，1933年更降至13.8亩。[①]

为了解决农业经营规模过小带来就业不足的问题，家庭部门就既要从事农业又要从事手工业，以最大限度地满足家庭的各种需求。每个劳动力都追求技能多样性而不是技能熟练性的做法，极大地制约了分工分业的发展，工业或手工业就难以独立地发展起来。所以，纵然有所谓的资本主义萌芽出现，这种萌芽也是难以促成农村产业结构发生根本性变化的。

农业经营规模过小，手工业又难以实现专业化、规模化发展，所有生产活动依赖人力、畜力和水力、风力等自然力就足以满足需要，因此产生不了对机电动力的需求。于是，非农活动的重点集中在观赏性的奢侈品的精益求精上了，机械的创新和应用也集中在奢侈品生产上。

农业的技术创新和农户层面的生计策略，都是围绕着挖掘超小经营规模的生产潜力展开的。一方面通过精耕细作不断提高超小经营规模的适应力；另一方面通过调整生计策略化解粮食产量波动的影响，即主要通过吃好一些或吃差一些来调节粮食产量的波动，而不是主要依靠谷物储存来调节产量波动。金陵大学农学院农业经济系对1931年湖南、湖北、江西、皖南、苏南、皖北131个水灾县份的调查表明，灾民食粮较常时"减少三分之一"，所以有些人用"糠菜半年粮"对灾年居民膳食

---

① 许道夫：《中国近代农业生产及贸易统计资料》，上海人民出版社，1983。

结构做出形象的概括。

（2）耕作面积拓展对产业升级的制约

中国有很多丘陵和山地因无法种植谷物而一直保持蛮荒状态。高产且耐瘠薄的玉米、红薯和土豆的引入，使中国的丘陵山地得到了广泛开垦，并导致清代耕作面积的大幅度增加。1661年中国耕地面积5亿多亩，1911年增加到11.56亿亩。250年里的新增耕地面积比过去几千年累计的总量还多。

丘陵山地的开发是同移民相关联的。进入丘陵山地的农民带去了深耕、选种、施肥、复种等农业技术，使这些地区的粮食亩产量大幅度提高。同期，农业较发达地区也普遍增产，只是幅度较小而已。[①]耕作面积的显著扩大，粮食总产量的快速增加，强化了以农业为中心的经济体系的生命力，导致人口增长率在短期内迅速上升。清朝初期粮价缓慢上升，中间出现较长时间的粮价下跌，说明粮食总需求与总供给是大体平衡的。

（3）天朝意识对改变现状的制约

所谓天朝意识就是视自己为世界中心。这是很多国家都存在的问题，但中国表现尤甚。中国各级地方官员最大的兴趣就是向皇朝展示盛世繁华。当政者则满足于眼前成就，沉醉于眼前繁华，甚至进入衰败期后，仍然陶醉在"天朝上国"的迷梦之中，不愿与其他国家平等交往。例如，赵尔巽在《清史稿》中记载，1793年8月13日，乾隆皇帝在避暑山庄接见英国使臣马嘎尔尼伯爵时表示"天朝物产丰富，无所不有，原本不需要外夷的东西，因为茶叶、瓷器、丝绸等是西洋各国必需的东西，朕体谅西洋各国的难处，所以准许在澳门开设洋行，满足你们生活的需要"。在这种理念的主导下，当政者将正常的外交往来视为各国向天朝朝贡，对别国快速发展的绩效置若罔闻。尽管到了必须雇用外国人来订正

---

① 方行：《中国经济通史·清代卷》绪论，经济日报出版社，2000。

历法和照料钟表、精巧机械的地步，仍然认定他们都是野蛮人。[1]

从表 1-6 可以看出，1913~1950 年，中国农业劳动力由 13500 万人增加到 17500 万人，增长了 29.6%；同期，日本农业劳动力的增长率为 5.5%；美国、西欧、苏联的农业劳动力分别减少了 23.5%、15.6% 和 8.3%。农业劳动力的转移，使他们的农业劳动生产率分别提高了 222.1%、53.1% 和 56%。中国的人均产值增长率仅为 19.1%，低于发展中国家的 21.6% 的平均增长率。

表 1-6　1913~1950 年世界各国农业劳动生产率的增长

地区或国家	农业劳动力（万人）		变化率	人均产值（美元）		变化率
	1913	1950		1913	1950	
中　国	13500	17500	29.6	340	405	19.1
美　国	1150	880	-23.5	6100	19650	222.1
日　本	1450	1530	5.5	1300	2125	63.5
西　欧	3850	3250	-15.6	3625	5550	53.1
苏　联	3500	3210	-8.3	1000	1560	56.0
发达国家	12400	11250	-9.3	2475	6536	164.1
发展中国家	34600	54250	56.8	440	535	21.6

资料来源：《近代中国农业发展概况》，http：//www.docin.com/p-283711264.html。

中国的产业结构迟迟没有升级的主要原因是一直把农业作为立国之本，[2] 一直以农业为中心，一直停留在农业社会，没有跟上世界经济转型的步伐，没有进行产业结构和就业结构转换。所以，扭转中国经济颓势必须从加快工业化的进程入手。

三　改革前 30 年的中国农业

1949 年新中国成立时，她面对的是一个以农民和农业为主体、积累

---

[1]　约翰·巴罗：《我看乾隆盛世》，北京图书馆出版社，2007，第 260 页。

[2]　韩茂莉《中国历史为何选择农业立国》，《中国人大》2013 年第 24 期；韩长赋：《农业是中国立国之本》，《人物周刊》2012 年 2 月 22 日。

率很低的国民经济体系。要加快工业尤其是重工业的发展，尽快实现赶超发达经济体的目标，必须最大限度地集中农业剩余，达到10%以上的积累率，[①] 并最大限度地降低发展工业的劳动力和原材料价格。

集中农业剩余可以采取金融和财政两种方式。采用金融方式需要有精准灵活的金融政策、布局合理的金融机构、灵巧多样的金融工具，当时的中国并不具备这些条件，所以不得不采用财政方式。采用财政方式又有提高征税强度和扭曲贸易条件两种途径。鉴于旧政府的高税负已使国民痛恨不已，新政府肯定不会延续重税的做法，所以选择了扭曲工农业产品贸易条件的做法，中国称之为工农业产品价格剪刀差。扭曲工农业产品贸易条件的另一个好处是，可以最大限度地降低发展工业的劳动力和原材料价格。

当时，中国的非农产业是被私营业主控制的。私营业主不满足于在收购环节拿到政府扭曲工农业产品贸易条件的好处，他们还采用囤积居奇等手段扰乱市场秩序，迫使城市居民承受更高的生计成本。鉴于扭曲工农业产品贸易条件没有达到预期目标，新政府又实行了主要农产品统一收购、统一销售政策。

主要农产品统购统销政策有效地解决了把农业剩余集中在政府手里和降低城市居民生计成本的问题，但是政府不可能对所有农产品都实行统购统销政策。中国那时的农业以自给为主，农产品的商品率很低。农民从增加自己福祉的角度出发，做出了少生产统购统销的农产品、多生产未统购统销的农产品的选择。国家无法以农户为调控对象落实农产品统购统销计划，客观上需要建立一个能便于管理农民的组织体系，人民公社体制就是当时认定的最佳选择。当时主管经济工作的陈云副总理有一个形象的比喻：农户宛如妇女头上的头发，很多、很分散，不宜抓住，

① W. W. Rostow, "The Stages of Economic Growth", *The Economic History Review*, New Series, Vol. 12, No. 1 (1959): 1–16.

人们公社的作用就是把很多、很分散的头发梳成一条辫子，便于抓住。人民公社体制以统一组织生产为切入点，有效地解决了统购统销计划无法分解到每个农户的难题，达到了按照统购统销任务进行农业生产的目标。

由此可见，扭曲贸易条件、统购统销政策和人民公社体制三位一体，是由集中农业剩余、降低城市居民生计成本、促进工业发展的国家战略内生出来的一套制度。凭借着这套制度，中国在人均 GNP 很低的欠发展阶段，达到了 10% 以上的积累率，以及最大限度地降低工资率和工业原材料价格的目标，在较短的时间内建立了初步完整的工业体系，并取得了研发原子弹、氢弹和卫星的成功。

虽然工农产品贸易条件是扭曲的，但凭借一套严密的财务核算制度，有效地杜绝了寻租现象。所以，计划经济体制最大的问题不是腐败，而是农业生产力未能充分发挥出来，广大农民一直处于贫困状态。从表 1-7 至表 1-9 可以看出，从开始实施人民公社体制的 1958 年到改革开放的 1978 年的 20 年里，中国人均农产品占有量和农业人口人均商品性农产品供给量都没有明显的增长，农民收入增长平均每年不足 3 元。同期，由于重点发展的产业部门不具有比较优势，企业的自生能力很弱，产品的竞争力很弱，只能在封闭的环境下运行。这是该阶段集中起来的农业剩余主要投向重工业，但重工业处于自我循环、轻工业产品供给严重不足、国际贸易仍以农产品为主的主要原因。限于篇幅和不偏离主题，这里就不展开了。

表 1-7　1957 年～1978 年全国人均占有主要农产品产量

单位：公斤

人均项目	1957	1962	1965	1970	1975	1978
人均占有粮食	306	240.5	272	293	310.5	318.5
人均占有棉花	2.6	1.15	4.95	2.8	2.6	2.25
人均占有油料	6.1	3.6	5.05	4.6	4.95	5.45

人均项目	1957	1962	1965	1970	1975	1978
人均占有肉产品	6.25	2.9	7.7	7.3	8.7	8.95
人均占有水产品	4.9	3.4	4.25	3.9	4.8	4.85

资料来源：农业部政策法规司：《中国农村40年》，中原农民出版社，1989，第132页。

表 1 - 8　1957～1978 年平均每个农业人口提供的商品性农产品供给量数量

单位：公斤，头

商品性农产品	1957	1962	1965	1970	1975	1978
粮　食	85.05	57.85	64.90	66.10	67.35	62.60
棉　花	2.65	1.15	3.25	2.90	2.85	2.60
食用油	1.95	0.65	1.40	1.45	1.00	1.10
生　猪	0.075	0.034	0.130	0.108	0.132	0.135
水产品	3.20	2.65	3.05	2.85	3.25	3.30

资料来源：农业部政策法规司：《中国农村40年》，中原农民出版社，1989，第133页。

表 1 - 9　1957～1978 年农民人均收入

单位：元，%

收入及份额	1957	1962	1965	1970	1975	1978
人均收入	87.57	111.53	117.27	129.25	133.45	133.59
其中：来自集体收入份额	49.6	47.4	53.9	60.6	57.0	58.3
家庭副业收入份额	41.2	45.4	37.0	32.8	36.8	35.6
其他份额	9.2	7.2	9.1	6.6	6.2	6.1

资料来源：农业部政策法规司：《中国农村40年》，中原农民出版社，1989，第130页。

在改革前的 30 年里，虽然农产品总量不断增长，但农产品短缺问题一直比较严重，直到 70 年代末，仍有数亿农民尚未解决温饱问题。1978年，中国农村人均年收入只有 70 多元，有近 1/4 的生产队集体分配的人均收入不足 50 元。农产品供给不足始终是制约国民经济均衡发展的瓶颈。在"五五"规划时期，粮棉油进口每年花费 14.63 亿美元，占进口消费品总额的 64% 和进口总额的 12%。

虽然农业收入占国民收入的比重从 1952 年的 57.7% 下降为 1978 年的 28.4%，但就业结构转换缓慢，农业劳动力占劳动力总量的份额仅从 1952 年的 83.5% 下降为 1978 年的 70.5%。虽然该时期几乎所有的资本都被集中到了城市，但按人口度量的城市化率仅从 1952 年的 12.5% 提高到 1978 年的 17.9%。其结果是，农业劳动力的平均产出只有工业的 16%，服务业的 24%；农业人口占全国总人口的份额高达 83%，其占城乡居民储蓄和社会消费品零售总额的份额却分别为不足 25% 和 40% 多一点。

改革前，向农业索取过多固然是农民温饱未能普遍得到解决的重要原因，但农村经济组织缺乏效率是更为重要的原因。有关中国农业总要素生产力的研究结果表明：在实行人民公社体制的 20 多年里，农业总要素生产力为负。这期间农业技术肯定没有退步，它不可能成为农业总要素生产力为负的原因，所以这个负值完全是组织与制度安排缺乏效率造成的。农村广泛推行联产承包责任制以后，农业总要素生产力即刻变为正值的事实，从另一个方面证实了这一判断。

参考文献

陈贤春：《元代粮食亩产探析》，《历史研究》1995 年第 4 期。

陈耀邦主编《可持续发展战略读本》，中国计划出版社，1996。

曹贯一：《中国农业经济史》，中国社会科学出版社，1989。

葛全胜等：《过去 300 年中国部分省区耕地资源数量变化及驱动因素分析》，《自然科学进展》2003 年第 8 期。

冀朝鼎：《中国历史上的基本经济区与水利事业的发展》，中国社会科学出版社，1992。

李伯重：《明清江南水稻集约程度的提高》，《中国农史》1984 年第 1 期。

李根蟠：《中国古代农业》，商务印书馆，2010 年 10 月。

刘佛丁主编《中国近代经济发展史》，高等教育出版社，1999。

闵宗殿、董恺忱：《关于中国农业技术史上的几个问题》，《农业考古》1982 年第 2 期。

缪启愉：《太湖地区塘浦圩田的形成和发展》，《中国农史》1982 年第 1 期。

卜风贤：《传统农业时代乡村粮食安全水平估测》，《中国农史》2007 年第 4 期。

史志宏：《十九世纪上半期的中国耕地面积再估计》，《中国经济史研究》2011 年第 4 期。

王思明、刘馨秋等：《中国近现代经济与社会转型研究》，中国农业科学技术出版社，2016。

吴存浩：《中国农业史》，警官教育出版社，1996。

吴慧：《中国历代粮食亩产研究》，中国农业出版社，1985。

吴慧：《清前期粮食的亩产量、人均占有量和劳动生产率》，《中国经济史研究》1993 年第 1 期。

许道夫：《中国近代农业生产及贸易统计资料》，上海人民出版社，1983。

余也非：《中国历代粮食平均亩产考略》，《重庆师范大学学报》（哲学社会科学版）1980 年第 3 期。

章有义：《近代中国人口和耕地的再估计》，《中国经济史研究》1991 年第 1 期。

赵冈：《农业经济史论集——产权、人口与农业生产》，中国农业出版社，2001。

周国林：《关于汉代亩产的估计》，《中国农史》1987 年第 3 期。

周荣：《对清前期耕地面积的综合考察和重新估价》，《中国社会经济史研究》2001 年第 3 期。

第二章

农业的改革

中国的改革是从农村贫困地区率先展开的，最初的做法具有个别性、分散性和局部性，主要措施是实行以包产到户、包干到户为主要内容的家庭联产承包责任制。1950年代实施农业集体化体制以后，包产到户、包干到户是各地农民应对经济困难的措施之一，所以包产到户、包干到户并不是新生事物。新的做法是中国政府允许它们存在，并以它们取得显著的增产效果为依据对包产到户、包干到户给予支持。为了形成全党、全社会的共识，1982年中央"一号文件"论证了包产到户、包干到户的社会主义性质，并提出了土地等基本生产资料公有制和农业生产家庭承包责任制都长期不变的主张。1983年中央"一号文件"深刻阐明了联产承包责任制是"马克思主义农业合作化理论在我国实践中的新发展"和"在党的领导下我国农民的伟大创造"这两个论断。1984年的"一号文件"将土地承包期由原来的3年延长到15年。在三个"一号文件"的推动下，家庭联产承包责任制在中国农村得到了普遍推广。农民获得了土地的经营自主权后，生产积极性空前高涨。1979～1984年，按可比价格计算，农业总产值年平均增长7.6%，加上农产品价格的提高，农民人均纯收入年平均增长15%，农村大部分人的温饱问题得到解决。

农业改革初期主要采用包产到户的做法，即集体土地分别承包到户，由农户负责生产与管理，经济核算和收益分配仍然由农民集体经济组织负责。但包产到户很快就转为包干到户，即农户承担向国家交纳税收和完成农产品定购任务，以及向集体经济组织交纳土地承包费的责任，农民集体经济组织不再对这部分生产活动进行统一核算和统一分配。农户成为生产经营和经济核算的基本单位，这与"三级所有、队为基础"的人民公社体制产生了矛盾。针对这种情况，国家又对人民公社体制进行了改革。具体的做法是把生产队改为合作社；撤销生产大队，设立行政村；撤销人民公社管理委员会，成立乡政府。到1985年5月，这项改革全部完成。全国共建乡、镇政府 91138 个，成立村民委员会 940617 个，村民委员会下设村民小组。

中国的农业改革实际上是沿着两条线索同时展开的。一是为应对贫困的挑战而实行的家庭联产承包责任制，二是为应对周边地区发展更快的挑战而实行的对外开放。提出这种说法的依据是：1978 年 11 月 18 日，广东省宝安县石岩公社上屋大队加工厂和香港电业有限公司下属的香港怡高实业公司签约，成立了全国第一家"三来一补"企业——上屋电业（深圳）有限公司。这个活动在时间上并不晚于安徽小岗村的联产承包。改革伊始，深圳的农村集体经济组织不仅采取了包产到组、包产到户、包干到户和分田到户（社员只承担上缴公粮和出售余粮的义务，除土地属集体所有外，社员与生产队没有经济联系）等改革措施，而且发挥毗邻香港的地理优势，采取了对外开放的措施。

第一，瞄准香港市场调整农业生产结构。1979～1980 年，深圳将 65000 亩稻田改造成 27000 亩鱼塘、9250 亩鱼塭（一鱼一稻）、8621 亩菜地、7910 亩果园、12000 亩花圃和药圃。这些举措极大地提高了农产品的附加值和农民收入。例如，南头公社翻身大队在适宜养鱼虾的 1350 亩水田里放养鱼虾，发展外向型的水产业。1980 年养殖收入 12.6 万多元。福田公社新洲大队开挖鱼塘 50 多亩，围垦海滩 250 亩，养鱼养虾。

第二，开展过境耕作。地处边沿的生产队在香港新界的"插花地"种植蔬菜、鲜花和其他经济作物，产品在新界出售，收入的港币购进生产资料。1980 年附城公社莲塘大队利用地处边沿的条件，在新界办厂、设场，种菜、养鱼，收入港币 67 万多元，捡拾废旧物资收入 60 万元，这两项收入占大队当年总收入的 44%。

第三，开展横向联合。福田公社灵活地采取股份分红和租借土地等形式，发展各种类型的联合企业。1980 年收入 270 万元，占全社总收入的 24%。下梅大队根据石山多的特点，与外界联办石场、茶场等，共增收 12.6 万元。福永公社凤凰大队第 15 生产队与外商合营种菜，1980 年全年总收入比 1979 年增长 43.1%。

第四，以补偿贸易的方式发展规模化养殖业，兴办小型来料加工企业和装配企业等。截至 1979 年年底，深圳累计引进 426 个补偿贸易项目，1980 年工缴费和利润分成 2700 多万港元。布吉公社开展来料加工和建材生产，全社总收入由 1979 年的 169 万元增加到 1980 年的 520 万元，增长了 2 倍多。

第五，开展边境小额贸易。地处边沿的农村社队，完成国家交售任务后，农副产品可以小额自行出口新界。据不完全统计，1980 年深圳过境小额贸易为 1874 万元，占总收入的 1/4。罗湖区与香港新界水土相连。采取上述措施后，1980 年总收入 1800 多万元，比 1978 年增长 1.5 倍。附城公社渔民村大队利用靠近香港的有利条件，走渔工商副综合发展的道路，1980 年人均分配 2000 元，劳动力平均分配 3800 多元。①

一种观点认为，合作化、公社化工作过急、过快、过粗，是农业集体经营遭受挫折的主要原因。仔细推敲，这种说法并不能自圆其说，因为工作过急、过快、过粗造成的问题会随着时间推移逐步得到解决，这些问题在长达 20 多年的时间里并没有得到解决，说明除了过急、过快、过粗的原因外，方式不当可能是更为重要的原因。

农业适宜采用家庭经营方式，是由农业生产难以实现有效监督、劳动质量难以准确度量等特殊性决定的。家庭经营可以满足生产单位与生活单位合一、生产经营与家计安排合一的要求，而建立在血缘基础上的和谐关系又能最大限度地降低监督成本，所以家庭经营能较好地满足农业生产的要求。集体经营难以对农业劳动实现有效监督，难以对劳动者的劳动质量做出准确度量，难以制止部分人免费搭车的行为，生产积极性受到挫伤的农民会随着时间推移越来越多。这是农业集体经营中的问题迟迟得不到解决的主要原因。

---

① 李力等：《从深圳农村的变化看社会主义制度的优越性》，《暨南大学学报（哲学社会科学版）》1981 年第 4 期。

除了实行承包制外，通过提高农产品价格调动农民的生产积极性，也是促使该阶段农业生产增长的重要原因。据记载，粮食统购价格从1979年夏粮上市时提高20%，超购部分再加价50%；其他农副产品的收购价格也有相应提高。农机、化肥、农药、农膜等农用工业品的出厂价格和销售价格在1979年和1980降低了10%～15%。

家庭联产承包责任制的实施，引发了改革之初至1984年期间的农业非常规增长。但它推动农业增长的效应是一次性释放完毕的。1980年代中期以后，农业增长主要是改革农产品流通体制、培育农村市场体系和发挥市场机制等作用的结果。在发育农产品市场方面，中国采用的是渐进式的改革方式，即通过价格形成和资源配置的"双轨制"，逐步完成计划经济体制向市场经济体制的转变。

农产品市场的双轨制，体现在农产品价格的"调""放"结合上。中央政府在改革初期就大幅度提高了粮食等农产品的收购价格，并采用了超购加价的方式。农民出售给国家的粮食越多，得到的平均价格越高。农产品价格的提高，直接刺激了农民增加投入、提高复种指数的积极性。林毅夫的一项计量研究表明，1978～1984年农产品收购价格提高对总产出增长的贡献率约为16%。[①]

一 农产品市场改革

在1953年至1978年的25年中，只有1961年的农副产品收购价格总指数较上年增加了28.0%，其他年份的农产品收购价格都非常稳定。以1950年的价格为100计算，从1961年到1977年，农副产品收购价格指数从201.4上升到209.2，16年增加不到8个点。其中1962年到1971

[①] 林毅夫：《中国的农业改革与农业增长》，载《制度、技术与中国农业发展》，上海三联书店，1992，第96页。

年农副产品收购价格还出现下降的情形。由此可见，农产品统购统销体制确实发挥了稳定农产品价格的作用。

1. 逐渐缩小农产品统购征购的范围

1978 年，国家计划管理的农产品有 113 种。1979 年，国家推出了减少农副产品统派购品种、放开农村集贸市场、恢复议购议销等改革举措。1980 年，国家开始调减统购、派购种类和计划收购的范围。除粮食、油料、棉花、甘蔗、烟叶、黄红麻、茶叶、水果、肉类、蛋类、水产品和木材等继续实行统购派购外，其他农产品都划为第三类农副产品。1983 年，继续缩小农产品统购派购范围，把原来属于第二类农产品管理的水果等调整为第三类。1984 年，农产品统购派购范围进一步缩小。商业部系统管理的一、二类农副产品由 21 种减至 12 种，统购品种为粮食、油脂油料和棉花 3 种，派购由 18 种减至 9 种，放开的 9 种是茶叶、花生、牛肉、羊肉、鲜蛋、苹果和柑橘等。1985 年国家定价的农产品减少到 38 种，1991 年国家定价的农产品减少到 9 种，1993 年只有棉花、烟草和蚕茧等少数农产品市场没有放开。粮食计划收购在农民出售的商品粮金额中只占 1/3 左右。

2. 逐步减少统购征购的数量

改革初期，为了减轻农民负担，国家调减了统购农产品的征购基数。1979 年国家下达的粮食统购任务减少了 25 亿公斤。水稻产区人均口粮在 200 公斤以下的，杂粮产区人均口粮在 150 公斤以下的，一律免征购。

1981 年，政府准备推行农副产品购销合同制，试图通过合同把国家计划和农民生产协调起来。1983 年和 1984 年，逐步减少了农副产品统派购任务，促进了统派购任务外的农副产品的发展。1985 年，除个别品种外，国家不再向农民下达农产品统购派购任务。其中，粮食、棉花、油料、烤烟、蚕茧、糖料等大宗农副产品继续由国家定价，实行合同定购。国家定购的粮食，按"倒三七"比例计价（即三成按原统购价，七成按原超购价）。定购的棉花，北方按"倒三七"，南方按"正四六"比例计价。国家没有定购任务的农产品和完成了国家定购任务的粮食、棉花，由农民上市自销。由此产生了农副产品流通的"双轨制"。

3. 逐步培育农产品市场

1978年到1984年，政策性的农产品补贴由11.14亿元增加到218.34亿元，增加了18.6倍。其中，粮棉油价格补贴由11.14亿元增加到201.67亿元，增加了17.1倍。由于农产品价格补贴造成政府财政支出大幅度增长，1985年国家推行农产品流通体制改革。1991～1993年，放开了城镇居民的粮食销售价格，解决了粮食销售价格与收购价格"倒挂"给财政带来的负担。

农产品市场改革经历了四个阶段：首先是调整价格、开放集市贸易阶段，其次是计划经济与市场调节相结合阶段，再次是市场机制发挥基础性作用阶段，最后是市场机制发挥决定性作用阶段。改革的顺序是：先放开农村农产品市场，再放开城市农产品市场；先放开本地农产品市场，再允许农产品远距离贩运。渐进式改革有三层含义：一是逐步推进，具有"一步步走"的特征；二是农产品的重要性越高改得越慢，农产品的重要性越低改得越快，具有"有快有慢"的特征；三是条件好时推进，条件差时停顿，具有"走走停停"的特征。

放开市场后，各种市场主体发展迅速。从1978年到1984年，乡村集市数量由3.3万个稳步增加到5万多个。乡村集市上的粮食成交总量不大，但增长很快，由1978年的25亿公斤增加到1984年的83.5亿公斤，增长了2.34倍。截至2004年年底，全国国有粮食企业职工人数比1998年粮改初期减少164万人，减幅为49.7%。

4. 扩大农产品流通渠道

为了解决鲜活农产品流通不畅造成的产地压货和销地缺货的矛盾，

1983 年撤销了农副产品外运由归口单位审批的规定，赋予农民经营鲜活农产品的权利。农民可以进城、出县、出省从事国家确定的收购任务以外的农副产品流通，购销价格完全放开。

1985 年，国家专门部署了农产品流通体制改革，这是农村改革重点由生产经营体制转向农产品流通体制的标志性事件。新的做法是按照不同情况，对不同农产品分别实行合同定购和市场收购。中国的农产品是沿着计划价格—双轨价格—市场价格的路径，逐步扩大市场定价的范围和程度的。

1985 年，国家取消了粮食和棉花统购，改为合同定购。定购粮食的价格三成按统购价七成按原超购价确定（简称为"倒三七"比例计价）。定购的棉花价格南方棉区按"正四六"比例计价，北方棉区实行"倒三七"比例计价。合同定购以外的粮食和棉花自由上市。统购制度取消后，粮食价格形成了"双轨制"，既有计划价格，又有市场价格。

从实际执行效果来看，1985 年，改强制性收购为合同定购的条件并没有成熟，很多地方没有推行。主要原因是，1985 年中国粮食大幅度减产，市场粮价上涨超过了 10%，出现了市场粮价明显高于合同定购价。政府受财力所限又不能及时提高合同定购价。农民既不愿意履行合同，又不愿签订新的粮食定购合同。1987 年粮食丰收后，这种状况才有所改变。

1992 年，国家试图将建立粮食风险基金、粮食收购保护价制度和国家粮食储备制度，作为国家对粮食市场宏观调控的重要手段。但由于资金未到位，当时没有落实。

此后，粮食购销价格基本由市场调节，粮食产区和销区之间购销协作关系逐步形成并稳定下来，中央储备粮垂直管理体系初步建立，国家宏观调控能力有所提高。

2001 年，国家开放了浙江、上海、福建、广东、海南、江苏、北京和天津等 8 个粮食主销区的收购市场，价格由市场调节。2004 年，国家全面放开粮食市场，取消粮食运输凭证制度和粮食准运证制度，严禁各种形式的粮食区域性封锁，凡符合条件的经营者均可参与粮食收购经销，形成了公平竞争、规范有序、全国统一的粮食市场。

取消其他农产品派购制度。1984 年以后，大中城市逐步放开了鲜活农产品经营和价格，逐步形成由市场供求关系定价的机制，以批发市场为中心、集贸市场为基础的鲜活农产品市场网络，以及多条渠道流通、多种经济主体竞争的格局。国家全面放开水产品经营，实行市场调节，水产品市场体系不断完善。从 1985 年起逐步放开食用油统购统销制度。1991 年，除城镇居民口粮和军供食用油外，其他食用油均改为议价供应和市场调节。1992 年，除花生油和菜籽油继续实行国家指导价外，其他油料价格全部放开。1993 年油料价格全部放开。

二　农业要素市场改革

农业要素市场的发育也采用了"双轨制"方式。所谓"双轨制"，就是改革前的存量仍采用老办法，以维护原有秩序下的既得利益者的利益，增量部分按照新的秩序和机制运作。随着时间推移，原有的存量占总量的份额越来越小，存量改革的难度变得越来越小。农村要素市场涉及劳动力市场、土地市场和金融市场，其中，劳动力市场最为活跃，金融市场既不够活跃，也不够规范，土地使用权流转市场则介于它们二者之间。

2005 年农村生产要素的市场化程度为 60.6%，达到了市场经济的临界水平（60%）；其中，劳动力的市场化程度为 80%，土地的市场化程度为 52%，资金的市场化程度为 50%。[①] 劳动力市场发育具有渐进性。最初城乡劳动力市场是分隔的，农民只能在农村内的产业间流动，即"离土不离乡、进厂不进城"。此后，城乡劳动力市场有了对接，即"离土又离乡、进厂又进城"；现在农村劳动力不仅"离土又离乡、进厂又进城"，而且城市"既接纳劳动力，又接纳家庭"。土地要素市场化的过

---

① 李静、韩斌：《中国农村市场化研究报告》，东方出版社，2011。

程，既是逐步消除城乡二元结构、实现城乡经济社会一体化的过程，也是农民实现其对土地的财产权利的过程。随着鼓励在县域内设立多种所有制的金融机构，大力培育由自然人、企业法人或社团法人发起的小额贷款组织，引导农户发展资金互助组织，规范民间借贷等改革举措的推出，多元化、竞争性的农村金融体系的框架终于形成。随着城乡统一的劳动力市场的逐渐建立，农村土地市场逐渐步入法治化轨道，农村资金市场逐步由垄断走向竞争，农村生产要素的市场化程度正在不断提高。

1. 农业投入品市场改革

改革初期，化肥等主要农业生产要素仍沿袭统一计划、统一分配、分级管理的体制。1985年国家调整了化肥等重要农业生产资料的统配范围，农业生产资料实行国家定价、政府指导价和市场调节价相结合的价格管理制度，形成了化肥、农药的双轨制。耕畜、中小农具以及药械等生产资料相继放开了经营。

1994年，中央调拨化肥由原来的四级批发一级零售改为二级批发一级零售，基层供销社推行代销制，不得转为个人经营。1998年，取消化肥指令性生产计划和统配收购计划，由化肥生产和经营企业自主购销。化肥出厂价格由国家定价改为政府指导价，放开化肥零售价格。

2. 农业劳动力市场改革

新中国成立初期，劳动力流动是不受限制的，城市人口的增长大部分来自农村，与其他发展中国家没有区别。1958年，为了保障农业中有足够的劳动力，并控制城市里享受低价农产品的人数，全国人民代表大会通过了《中华人民共和国户口登记条例》。户籍管理制度的实施，对农业劳动力流动形成了严格的限制。

（1）"离土不离乡"政策

家庭联产承包责任制的实行，激发了农民群众增加农业就业时间和寻求非农就业机会的积极性。农业劳动力最初主要流向林牧渔业部门，接着流向农村非农部门。1970年代末至1980年代初，城市面临返城知青的就业压力，政府不得不对农民非农就业实行"离土不离乡"政策，由此引发了乡镇工业的"异军突起"。从1984年到1988年，全国乡镇工业企业由481.2万个增加到773.5万个，增长了60.74%；从业人员从3656.1万人增加到5703.4万人，增长56%。

（2）"离土又离乡"政策

1980年代中期，城市就业压力缓解以后，政府开始放松对农民进城务工的限制，农民既可以离土又可以离乡，由此引发了农民工流动。1989年至1991年的3年间，宏观经济不景气，中央政府两次下发有关严格控制农民工盲目外出的紧急通知，要求各级政府从严或暂停办理农民工外出务工手续。1992年，中国经济体制改革重上轨道。农业劳动力流动再一次加速。

从表2-1可以看出，1980年从事非农产业的农村劳动力2028万人，占农村劳动力的6.37%；2005年，从事非农产业的农村劳动力超过2亿人，为1980年的10倍，占农村劳动力的40.51%。2014年，从事非农产业的农村劳动力27395万人，占农村劳动力的50.5%，即农民工已占农村劳动力的一半以上。

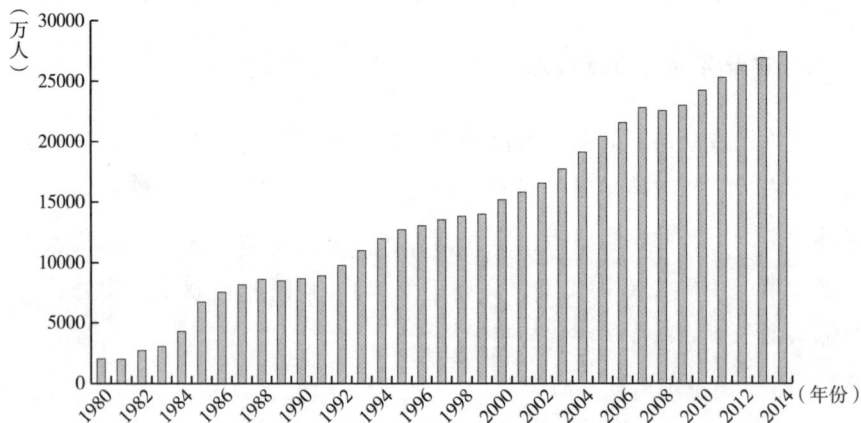

图2-1 历年农村劳动力转移情况

表 2 - 1 历年农村劳动力转移情况

单位：万人，%

年 份	转移数量			年 份	转移数量		
	绝对数	比 重	年增长		绝对数	比 重	年增长
1980	2028	6.37	3.84	1998	13805.8	29.73	2.06
1981	1994	6.10	-1.68	1999	13984.7	29.82	1.30
1982	2714	8.01	36.11	2000	15164.6	31.62	8.44
1983	3044.7	8.78	12.18	2001	15778.0	32.71	4.04
1984	4282.6	11.91	40.66	2002	16536.0	34.08	4.8
1985	6713.6	18.11	56.76	2003	17711.0	36.17	7.11
1986	7521.9	19.80	12.04	2004	19099.0	38.43	7.84
1987	8130.4	20.85	8.09	2005	20412.0	40.51	6.43
1988	8611.0	21.49	5.91	2006	21558.4	42.3	5.62
1989	8498.3	20.76	-1.31	2007	22795.0	44.3	5.74
1990	8673.1	20.65	2.06	2008	22542	43.3	-1.11
1991	8906.2	20.67	2.69	2009	22978	43.7	1.93
1992	9764.6	22.29	9.64	2010	24223	45.5	5.42
1993	10997.5	24.85	12.63	2011	25278	47.1	4.36
1994	11964.0	26.79	8.79	2012	26261	48.8	3.89
1995	12707.3	28.21	6.21	2013	26894	49.8	2.41
1996	13027.6	28.77	2.52	2014	27395	50.5	1.86
1997	13526.8	29.43	3.83				

资料来源：国家统计局历年《中国统计年鉴》及农业部历年《中国农业发展报告》。

（3）允许举家迁徙政策

农民工外出就业的稳定性会随着打工年限的延长而逐渐提高。农民工就业的稳定性越强，就越有可能做出举家外出打工的选择。为了满足这些农民工的需求，国家要求农民工流入地的政府必须为外来农民工子女提供接受义务教育的机会。从表 2 - 2 可以看出，2013 年举家外出的农民工数量增加到 3525 万人，相当于 1983 年的农民工总量。

表 2-2　近年外出农民工占农村劳动力比重的变化

单位：万人，%

年份	农民工总量	外出农民工		举家外出农民工	
		数　量	份　额	数　量	份　额
2008	22452	14041	62.5	2859	12.7
2009	22978	14533	63.2	2966	12.9
2010	24223	15335	63.3	3071	12.7
2011	25278	15863	62.8	3279	13.0
2012	26261	16336	62.2	3375	12.9
2013	26894	16610	61.8	3525	13.1
2014	27395	16821	61.3	3675	13.4

资料来源：国家统计局，历年农民工调查资料。

3. 农村资本市场的改革

（1）改革的进展

农村资本市场改革的目标是，建立健全以合作金融为基础，商业性金融、政策性金融、合作性金融互补的农村金融体系。为了实现这个目标，具体采取了下列改革举措。

第一，恢复农村金融机构。1978 年 12 月，中共十一届三中全会做出的《中共中央关于加快农村发展若干问题的决定（草案）》明确提出，"恢复中国农业银行，大力发展农村信贷事业"。根据这一战略部署，中国农业银行于 1979 年 3 月 13 日第三次恢复。中国农业银行得到的赋权与过去相比，财政拨款监督范围大大缩小，信贷业务大大扩展，实际上成为负责农村金融的综合性银行。

第二，政策金融与商业金融分离。为此，1994 年 4 月成立了中国农业发展银行。其主要任务是以国家信用为基础筹集农业政策性信贷资金，承担国家规定的农业政策性金融业务，代理财政性支农资金的拨付。具体负责国家粮棉油储备和农副产品合同收购、农业综合开发、扶贫等政策性贷款和专项贷款，并代理财政性支农资金的拨付及使用的监督。1998 年 5 月，为了配合全国粮食流通体制改革，中国农业发展银行专营农副产品收购资金的供应和管理。山水林田等农业综合开发和扶贫贴息贷款等专项贷款，以及粮棉企业加工和附营业务贷款等其他政策性贷款划转农业银行办理，其他政策性支农业务划归农村信用社。

第三，农村商业金融与合作金融分离。改革的取向是农村信用社转为合作金融组织、中国农业银行转为商业银行，农村信用社与中国农业银行脱离行政隶属关系。

根据国家政策，农村信用社有四种选择：农村商业银行、农村合作银行、县联社统一法人、县乡两级法人。各县联社选择何种类型，由基层农村信用社代表根据实际情况决定。农村信用社对本社社员的贷款必须超过贷款金额的 50%，必须在当年完成与农业银行的脱钩，业务管理由县联社负责，金融监管由中国人民银行负责。农村合作银行由所在县（市）财政、各类企业及居民个人依法投资入股组成，实行一级法人制度，主要为农业、农产品加工业及农村其他各类企业服务，固定资产贷款不得超过贷款总额的 30%。虽然国家想把农村信用社办成合作金融组织。但从走向上看，它具有商业性越来越强、合作性越来越弱的特征。例如发达地区的农村信用社大多改为农村商业银行。

第四，构建多元化的农村金融体系。2004 年中央"一号文件"提出了建立农村金融机构为"三农"服务的机制和扩大贷款利率浮动幅度等举措。2005 年中央"一号文件"提出了放宽农村金融机构准入条件、建立更加贴近农民和农村需要、由自然人或企业发起的小额信贷组织等举措。2006 年中央"一号文件"提出了引导邮政储蓄资金返还农村、引导农户发展资金互助组织、鼓励在县域内设立多种所有制的社区金融机构，允许私有资本、外资等参股和规范民间借贷等举措。

（2）规范民间金融和发展非营利金融

第一，引导农村社区内部融资。1984 年中央"一号文件"明确指出，"允许农民和集体的资金自由地或有组织地流动"。这是农村社区内部融资活动得以存在的依据。1985年中央"一号文件"指出："放活农村金融政策，提高资金的融通效益。"1987年中央"五号文件"进一步指出："一部分乡、村合作经济组织或企业群体建立了合作基金会；有的地方建立了信托投资公司。这些信用活动合乎发展商品生产的不同要求，有利于集中社会闲散资金，缓和农业银行、信用社资金供应不足的矛盾，原则上应当予以肯定和支持。"1991年11月，中共十三届八中全会审议通过的《中共中央关于进一步加强农业和农村工作的决定》要求，各地要继续办好农村合作基金会。1996年，针对农村合作基金会以招股名义高息吸收存款，将筹集到的资金发放贷款等违反金融法规的问题，对农村合作基金会进行了清理整顿。具体的政策是：对开展金融业务且存贷款业务量较大的农村合作基金会，在清产核资的基础上并入现有的农村信用社，或另设农村信用社；对不愿并入现有农村信用社或另设农村信用社的，不得再以招股形式吸收居民存款；对不具备转为农村信用社条件的，要办成真正的合作基金会。到2000年年底，农村合作基金会或者并入当地信用社，或者由地方政府负责清盘关闭。

第二，规范民间借贷。政府对民间借贷的政策有两个：一是严厉打击非法设立的金融机构、非法吸收或者变相吸收公众存款以及非法集资活动。金融机构不准为非法金融机构和非法金融业务开立账户、办理结算和提供贷款，违者依法给予处罚。二是严格规范民间借贷行为。出借人的资金必须是其合法收入的自有货币资金，禁止吸收他人资金转手放款。借贷利率由借贷双方协商确定，但双方协商的利率不得超过中国人民银行公布的金融机构同期、同档次贷款利率（不含浮动）的4倍。超过上述标准的，应界定为高利借贷行为。

第三，支持非营利性小额信贷。一是允许和鼓励非营利性小额信贷发展。中国的小额信贷实践始于1990年代中期。政府金融主管部门没有正式批准这项金融活动，但考虑到小额信贷的非营利性、扶贫效能的重要性和开展社会扶贫的必要性，一直在跟踪这项活动，并把"总结推广小额信贷等扶贫资金到户的有效做法"，写入了 1998 年中共十五届三中全会通过的《中共中央关于农业和农村工作若干重大问题的决定》之中。二是促进信用合作社开展小额信贷业务。1999 年 7 月，中国人民银行为农户小额信用贷款设计了"一户一份贷款证"的管理模式和"一次核定，随用随贷，余额控制，周转使用"的运作方法。2000 年 1 月，中国人民银行做出小额信贷采用"多户联保，按期存款，分期还款"的风险管理技术，单次贷款额原则上不超过当地农户年均收入，期限不超过一年的规定。为引导信用社开展这项业务，中国人民银行为其提供年利率为 2% ~3% 的支农再贷款资金，并要求农村信用社以小额信用贷款形式向农民发放支农再贷款，用于农业生产经营。三是引导邮政储蓄小额贷款业务。为建立邮政储蓄回流农村的渠道，缓解农村资金外流的压力，并打破农村信用社垄断信贷市场的格局，2005 年 12 月，中国银行业监督管理委员会授权福建、湖北、陕西三省开展邮政储蓄定期存单小额质押贷款业务试点。2006 年 12 月，国务院授权邮政储蓄银行将小额贷款业务扩展到全国范围。

（3）市场化取向的农村金融政策

第一，放松利率管制。我国农村正规金融机构一直在做放松利率管制的改革探索，所以县以下金融机构的贷款利率的浮动范围一直大于其他金融机构。2004 年 1 月，中国人民银行将农村信用社贷款利率浮动上限由基准利率的 1.5 倍扩大到 2 倍。2004 年 10 月，将城乡信用社贷款利率浮动上限扩大为基准利率的 2.3 倍，下限仍为基准利率的 0.9 倍。

第二，放宽农村地区金融机构准入条件。2006 年 12 月，中国银监会决定在四川、内蒙古、吉林、贵州、甘肃、青海六省（区）开展放宽农村地区金融机构准入条件试点。2007 年 3 月 1 日，中国第一家村镇银行四川仪陇惠民村镇银行和四川仪陇惠民贷款有限责任公司开业。农村设立村镇银行、贷款公司和农村资金互助社，是我国农村金融市场全面开放的标志，会对改善农村地区的金融服务发挥积极的作用。

第三，发展民间商业性小额信贷机构。2005 年，央行选择山西平遥、贵州江口、四川广元、内蒙古鄂尔多斯、陕西户县开展商业性小额信贷机构试点工作。2005 年 12 月 27 日，晋源泰和日升隆两家完全由民营资本投资的商业性小额信贷公司在山西平遥县获准成立；2006 年，四川、贵州、陕西和内蒙古成立了另外 5 家小额贷款公司。这些公司的贷款利率最高为中国人民银行基准利率的 4 倍。

（4）中国农村正规金融机构的改革

中国农村的正规金融机构包括农村信用社、中国农业银行和中国农业发展银行。

农村正规金融机构的改革取得了四方面进展。一是由单纯支持粮食生产转为支持农林牧副渔全面发展。1978 年以来，为了支持农业结构调整，中国农业银行在不放松支持粮食生产的前提下，在贷款上对农村发展多种经营给予了大力支持。二是贷款对象由以集体为主转为以农户为主。1986 年末，中国农业银行和信用社共发放农业贷款 537 亿元，其中贷给农户的超过 60%。三是支持乡镇企业发展。农业银行和信用社对乡镇企业的贷款余额从 1978 年年底的不到 33 亿元上升到 1988 年的 847 亿元。四是支持农村商品流通。中国农业银行发放的商业贷款余额从 1978 年的 260 多亿元增加到 1990 年年底的 2300 多亿元。

第一，中国农业银行的改革。1979 年，中国农业银行是主管农村金融的政府部门，相当于国务院的一个直属局，地方政府有相应的下设机构。1984 年，中国农业银行退出政府序列，成为国务院直属企业，但仍依据政府授权对农村信用社的机构设置、人事任免和信贷收支进行管理。作为一个企业，中国农业银行进行了企业化取向的改革。

一是改革"统存统贷"的信贷管理制度。1980 年，中国农业银行实行贷款与存款挂钩的包干政策，但包干范围限于社队集体和个人的存款与贷款部分，称为"小包干"。1981 年包干范围扩大到全部信贷业务，称为"大包干"。为了充分发挥多存多贷的激励作用，1983 年把"一年一包"改为"一定三年"的大包干。

二是实行利润留成与经营责任制。1983年，中国农业银行打破"统收统支"的财务体系，实行利润留成制度，以调动各级分支机构的经营积极性。

三是推行"统一计划，分级管理，实借实存，自主经营"的资金管理责任制，改纵向调剂资金为纵向和横向调剂相结合。

四是在国有金融系统中率先实行承包制。1988年推出的这项改革的具体做法是，中国农业银行向国家上缴利税24.5亿元，超过部分按照财政一、农行九的比例分成。银行按政府要求上交存款准备金、统筹基金，购买国家规定的财政、建设债券；执行指令性贷款计划，完成存款增长率、贷款回收率、信贷资金运用率、综合费用率和资金损失率等指标，未完成的计划指标，分别按一定比例扣减留成资金。为了将自己改造成商业银行，1994年中国农业银行在经营管理方面改"四级（总行—分行—中心支行—支行）管理、一级（支行）经营"模式为"四级经营"模式。组建总行营业部，办理全国大型企业集团、经济联合体等的存贷款和结算业务。在信贷资金管理方面推行资产负债比例管理，建立信贷资产风险管理体制，成立贷款审批委员会，推行审贷分离制度，建立风险补偿制度和及时足额提取呆账准备金制度。

第二，农村信用社的改革。农村信用社的改革围绕着恢复它的合作金融性质的目标展开，改革可分为三个阶段。

第一阶段是恢复合作金融性质。1990年代初，在中国政府确立改革目标是建立社会主义市场经济体制后，农村信用社按照发展市场经济的要求采取了下列改革举措。一是开展清股①、扩股工作。二是实行多存

---

① 所谓清股，不是把原来的股份全部清理掉，而是在资格股和投资股一并转为普通股的改革中，将符合入股条件但不愿转换和不符合入股条件的老股金列入清理范围。老股金可按章程和股份管理办法的规定，以转让、继承、赠与等方式让与符合条件的其他人，或清退。逾期未办理清理手续，或经通知、公告等各种途径仍无法与持有人取得联系的股金，转为其他应付款处理。

多贷、浮动利率，资产负债比例管理等办法。三是建立社员代表大会、监事会，强化民主管理；完善内部责任制和经营机制，去除员工的"铁饭碗"和分配上的平均主义。四是成立农村信用合作社县（市）联社，使之成为信用社的管理中心、资金中心、结算中心和信息服务中心。五是建立健全各项制度。实现管理工作制度化、规范化。该阶段改革存在五个问题。一是管理体制尚未完全理顺，有效的组织管理体系尚未形成。二是改革过程中行政手段多，经济和法律手段少。三是信用社仍被中国农业银行和上级信用社所控制，理事会、监事会难以行使职责。四是信贷管理执法不严，贷款风险制约机制不健全，不少信用社仍处于亏损状态。五是农村信用社结算渠道不畅，制约了信用社业务的开展。

第二阶段是改革经营管理体制。该阶段采取了下列举措。一是在清股的基础上吸收农民、个体工商户、乡村集体企业入股，扩充股本金。二是中国人民银行成立合作金融监管机构，加强对农村信用社的金融监管。三是组建市（地）联社，实现更高层次的联合。四是开展农村信用社改革试点工作。改革内容主要包括：①成立省级联合社，重建信用社组织体系；②增强信用社财务持续能力，更好地适应农村经济发展；③将经济发达地区的信用社改组为农村商业银行；④探索适合信用社采用的产权制度和治理结构，以及农村信用社自我约束。该阶段改革的显著进展是：引入股份制的做法，将经济发达地区的信用社改组为农村商业银行，而不是恢复其合作性质。

第三阶段是创新经营管理体制。2003 年 6 月，选择浙江等八省（市）率先开展以管理体制和产权制度为核心的农村信用社改革试点。具体举措包括：①按照股权结构多样化、投资主体多元化的原则和自身的实际情况，自主选择股份制、股份合作制及合作制等产权形式。②国家对亏损信用社因开办保值储蓄而多支付的利息给予补贴；对西部地区和江西、吉林省实行改革试点的农村信用社暂免征收企业所得税，对其他实行改革试点的农村地区，信用社按其应纳税额减半征收企业所得税；对改革试点地区所有农村信用社的营业税按 3% 的税率征收；以专项再贷款或发行中央银行票据方式对试点地区信用社进行资金支持；对民间借贷比较活跃的地区实行灵活的利率政策。2004 年，农村信用社改革推广至除海南和西藏以外的全国其他地区。

农村信用社改革的进展是：农村信用社的改革成本得到补偿，历史包袱得到清理；通过股权改革，增设了投资股，充实了资本金，明晰了产权，提高了信用社抗风险能力；成立了省联社。尚需解决的问题是：权力过度集中和内部人控制问题，农村信用社管理层的激励和约束机制问题，信用社省联社不当的行政干预和管理收费问题。

第三，中国农业发展银行的改革。1994 年成立的中国农业发展银行是直属国务院的政策性金融机构，实行垂直领导的管理体制。主要任务是负责政策性农业金融业务和财政性支农资金拨付。资金主要来源于对金融机构发行的金融债券、财政支农资金、使用农业政策性贷款的企业存款。中国农业发展银行实行独立核算，自主、保本经营，企业化管理；业务上接受中国人民银行的指导和监督。主要办理由国务院确定、中国人民银行安排资金并由财政部安排贴息的粮食、棉花、油料、猪肉、食糖等主要农副产品的国家专项储备、调销、批发贷款，执行政策性任务的粮油棉麻加工企业的贷款；扶贫、农业综合开发、小型基础设施建设和技术改造贷款；中央和省级政府的财政支农资金的拨付，发行金融债券等。后来又增加了代理保险业务险种，开办了粮油种子贷款业务和农业小企业贷款业务；完善了贷审会等贷款审查审议审批机制；形成了更具独立性、权威性和有效性的内部审计体制；开展了财会主管委派制试点工作；在充分做好按政府指令发放政策性贷款的前提下，扩大自主经营、自担风险的商业性业务。

（5）中国农村非正规金融

我国农村非正规金融分为传统农村非正规金融和新型农村非正规金融。传统农村非正规金融包括自由借贷、钱会、私人钱庄与钱背几种类型。自由借贷是指发生在亲友邻里间的借贷，数额小，期限短，借贷形式可分为口头约定和契约约定。这部分借贷大多是非营利的，主要用作生活消费。非亲友间的借贷往往以营利为目的，金额较大，主要用于生产投资，利率为银行同档次利率的 3~4 倍，甚至更高。钱会是指群众自发的、以亲友邻里关系为纽带，集储蓄和信贷于一体、带有互助合作性质的临时性融资组织。按期限分类有"月会""季会""半年会""年会"之分。按确定会员使用次序的方法分类，有"轮会""摇会"和"标会"。钱庄是指以营利为目标的机构化或半机构化的金融组织。钱庄大多是在钱会基础上发展起来的，钱庄吸收民众存款范围更大，资金交易规模较大。钱背是指为借贷双方牵线搭桥，借贷成交后向借贷双方收取手续费和信息费的中介人。

新型农村非正规金融包括农村互助储金会、农村合作基金会、农村金融服务公司等。第一，新型农村非正规金融的产生。农业微观基础变革后产生的一个突出问题是：出现了集体经济组织积累的资金存在信用社长期不使用，而需要资金的农民又得不到信用社贷款的现象。为了解决这个问题，一些社区把集体资金拆股到户（可以凭股分红，但不能退股），建立合作基金会，在社区内部开展资金融通的尝试。到1988 年，江苏、湖北和辽宁三省分别有 80%、40% 和 28% 的乡镇建立了农村合作基金会，分别融资 8 亿元、2.8 亿元和 2.6 亿元。其中辽宁累计向农民和乡村企业投放 2.5 亿元。第二，新型农村非正规金融的作用。一是解决了长期以来集体资金管理混乱、使用不当的问题，巩固和充实了集体经济。二是拓展了农村筹资渠道，缓解了农村资金供求矛盾，促进了农业和农村经济发展。三是深化了农村金融体制改革，推动了多形式、多层次的农村金融新格局的形成。四是平抑了农村高利贷，促进了扶贫工作的开展和农民收入的增加。第三，新型农村非正规金融的问题。一是行政性干预突出。虽然农村内部融资组织采取股份合作形式，但大多成了乡、村行政组织的附属物，难以充分体现会员的自主性和权益。二是经营业务范围狭窄，制约了资金寻找更高收益的机会，资金来源少，积累能力很差。收益分配大多采取"二八制"，即80%返还给资金所有者，20%按一定比例分为日常业务费、福利费、风险基金及发展基金，真正用于业务发展的资金非常有限。三是资金运作缺乏必要的法规。

(6) 中国农村金融市场的规模

第一，正规金融市场的规模。截至2005年年末，全国农村正规金融机构资产总额37206亿元，其中各项贷款余额为22008亿元（占全部金融机构贷款余额的10.9%），比2002年年末增加8070亿元，增长57.9%。总负债35553亿元，其中各项存款余额32626亿元（占全部金融机构存款余额的10.8%），比2002年年末增加12751亿元，增长64.2%。所有者权益1653亿元，比2002年年末增长1927亿元。中国人民银行累计发放支农再贷款10224亿元，期末余额为597亿元，农户贷款的份额超过90%。全国农村合作金融机构（含农村信用社、农村商业银行和农村合作银行）的农业贷款余额为10071亿元，比2002年年末增加4492亿元，增长80.5%，高于同期各项贷款余额平均增速22.6个百分点。其中农户贷款7983亿元，支持了7100多万农户。提出贷款申请的农户，约60%能得到贷款。加上贷过款暂时没有贷款余额的农户，农村信用社的农户贷款覆盖面会更大。扶贫贴息贷款规模较小。据中国农业银行统计，截至2004年6月，农户小额扶贫贴息贷款余额381亿元，涉及农户1175万户。

我国农村正规金融机构的农业贷款额度从1994年的4970亿元增至2004年的21055亿元，增长3.2倍。其中农业的短期贷款余额、中长期贷款余额和农副产品收购贷款余额分别为9843亿元、3689亿元和7523亿元，分别占农业贷款余额的46.7%、17.5%和35.7%。正规金融机构的短期贷款总量有升有降，但农业贷款、乡镇企业贷款和私人及个体贷款占短期贷款的比重一直在增加。

表 2 - 3 我国金融机构各项农业贷款额度

单位：亿元

年份	农业贷款（1）	农副产品收购贷款（2）	其他农业贷款（3）	短期农业贷款（4）	中长期农业贷款（5）
1990	3559.66	2315.57	1244.09	—	—
1991	4535.40	2973.03	1562.37	—	—
1992	5178.41	3191.26	1987.15	—	—
1993	5961.28	3563.94	2397.34	—	—
1994	4969.87	3826.02	1143.85	1143.85	—
1995	6989.85	5445.06	1544.79	1544.79	—
1996	8789.89	6870.77	1919.12	1919.12	—
1997	13042.91	8501.74	4541.17	3314.64	1226.53
1998	13645.15	7657.22	5987.94	4444.24	1543.70
1999	15158.92	8349.43	6809.49	4792.39	2017.10
2000	15510.82	8064.33	7446.49	4888.99	2557.50
2001	16642.44	7984.23	8658.21	5711.48	2946.73
2002	17981.54	7818.19	10163.35	6884.58	3278.77
2003	19250.68	7282.86	11967.82	8411.35	3556.47
2004	21054.96	7523.16	13531.79	9843.11	3688.68

注：（1）＝（2）＋（3），（3）＝（4）＋（5）

第二，农村非正规金融市场的规模。我国农村民间借贷的人均借贷规模由 1984 年的 25.40 元增长到 1990 年的 56.64 元，年平均增长率为 14.3％。全国农户的民间借贷总规模为 500 亿～700 亿元，占据农户信贷的主导地位。中国农民旺盛的融资需求难以与正规金融相衔接，是农村非正规金融得以发展，并占据农户信贷主导地位的重要原因。商品经济发达地区的民间借贷的利率很高；商品经济不发达地区的民间借贷仍以无息或低息借贷为主。经济发达地区的民间借贷主要用于高赢利性的生产经营活动，经济落后地区的民间借贷则主要用于生活急需和一般性的生产活动。1995～1999 年，民间金融提供的贷款占农户借款总额的 70％

左右。① 生活性借款占借款总额的 47.75%，在农户私人借款中，53.29% 的借款为无息借贷，说明农户民间借贷大多不是高利贷。② 农户从正规金融机构获得的贷款比例在增加，向私人借款的比例在下降。

表 2 – 4　1995～2005 年农户借贷资金来源

单位：%

年份	银行信用社贷款	私人借款	其他
1995	24.23	67.50	8.02
1996	25.42	69.27	5.31
1997	23.94	70.38	5.68
1998	20.65	74.29	5.06
1999	24.43	69.41	6.16
2000	29.44	68.44	2.12
2001	29.21	68.70	2.09
2002	26.09	71.83	2.08
2003	31.78	63.94	4.28
2004	30.72	62.98	6.30
2005	34.20	58.37	7.43

2003 年中国非正规金融规模接近 8000 亿元。③ 民间融资有四个特点：一是融资活动半公开化；二是违约现象很少；三是生产性融资比重提高；四是利率水平明显上升。④

（7）我国农村金融改革与发展的总体评价

改革以来的中国农村金融改革，合乎金融深化的要求，合乎国家经

---

① 朱守银、张照新等：《中国农村金融市场供给和需求——以传统农区为例》，《管理世界》2003 年第 3 期。何广文：《从农村居民资金借贷行为看农村金融抑制与金融深化》，《中国农村经济》1999 年第 10 期。IFAD, "Rural Financial Services in China," *Thematic Study*, Volume 1 No. 1147 (2001)。

② 袁平等：《关于推进当前农村金融改革的几点思考》，《农业经济问题》2006 年第 12 期。

③ 李建军：《中国地下金融规模与宏观经济影响研究》，中国金融出版社，2005。

④ 中国人民银行货币政策分析小组：《2004 年中国区域金融运行报告》，中国金融出版社，2005。

济体制转型的要求，合乎亿万农民发展经济和改善生活的要求。

伴随着合作金融与商业金融的分离，政策性金融与商业性金融的分离，利率管制的放松，农村金融机构准入条件的放宽，特别是农村金融机构、金融工具和金融产品的不断创新，政府确立的合作性金融、商业性金融、政策性金融分工协作，投资多元、种类多样、覆盖全面、治理灵活、服务高效的金融体系，正在逐步形成。

中国农民获得金融服务的机会大大提高，农村金融服务的覆盖面正在不断扩大。但是，这些信贷资金的相当一部分未能真正发挥支农作用。为了尽快地解决这些问题，必须继续深化农村金融领域的改革，并进一步加大金融改革的力度。

三 农地制度改革

改革开放前，中国农村实行"三级所有、队为基础"的集体土地所有制。"三级所有"是指人民公社范围内的土地有的属于公社所有，有的属于生产大队所有，有的属于生产队所有；"队为基础"是指农村土地绝大部分属于生产队，并由生产队管理和经营利用；一小部分属于公社和生产大队所有，由公社和生产大队管理和经营利用。

1. 农地制度改革的进展

（1）推进赋予农民土地承包经营权的改革

截至1983年年底，全国农村实行包产到户的生产队已达到99.5%，其中实行包干到户的生产队占到97.8%。随着农业生产经营体制的变革，农民收入的主要来源由集体改为家庭。

（2）出台维护农民土地承包经营权的政策

家庭承包制成功后，国家为保护农民对土地的承包经营权采取了一系列措施。第一，延长土地承包期限。第一轮土地承包期尚未结束，中央政府就明确宣布土地承包期再延长 30 年。农民拥有的土地承包经营权越来越长期化。第二，向农户颁发土地承包经营权证书，以限制集体经济组织随意调整土地。土地调整程序越来越严格，农民的土地承包经营权越来越稳定化。第三，取消农业种植计划，农民的生产经营自主权越来越充分。第四，保障农民的土地流转权益。在承包期内，农户有权依法自主决定承包地是否流转和流转的形式。任何组织和个人不得强迫农户流转土地，也不得阻碍农户依法流转土地。农地承包经营权的流转越来越市场化。第五，针对刻意歪曲土地承包 30 年不变的政策含义的说法，明确提出"增人不增地，减人不减地"的政策，以约束乡村干部随意变更农民承包地的行为。

（3）完善保障农民的土地承包经营权的法律

最初，农民的土地承包经营权存在期限不统一、权利义务不明晰等问题。这是现实中发生各种土地承包纠纷的根源。针对这些问题，1998年国家修订的《土地管理法》明确规定，"土地的承包经营权受法律保护"。2003 年 3 月 1 日实施的《农村土地承包法》对土地调整、土地承包权利义务、土地承包经营权流转、土地承包期限等进行了严格规范，使土地承包经营权成为法定的、由农民直接支配的权利。2007 年 10 月 1日开始实施的《物权法》明确规定了土地承包经营权的用益物权性质。无论是通过家庭承包取得土地承包经营权，还是通过招标、拍卖、公开协商等其他形式取得土地承包经营权，无论是集体所有农用地实行家庭承包经营形成的土地承包经营权，还是国家所有农用地由集体经济组织实行承包经营形成的土地承包经营权，都是土地使用者依法享有、受到法律保护的用益物权。至此，土地承包经营权上升为受国家《物权法》保护的财产权利。

2. 发育农村土地市场

改革伊始，在赋予农民土地承包经营权的同时，就允许农民的土地承包经营权流转。但是，由于农村劳动力转移缓慢，土地流转程度很低。截至 1984 年年底，转出部分农地的农户数占承包农地总户数的 2.7%，转出的耕地占承包耕地总面积的 0.7%。1993 年的抽样调查表明，1992 年全国共有 473.3 万承包农户转包、转让农地 1 161 万亩，占承包土地农户总数的 2.3% 和承包土地总面积的 0.9%[①]。随着农村劳动力向城镇和非农产业转移进程加快，土地承包经营权流转率逐步提高。近年来，我国农村土地流转规模正在稳步扩大。2008 年，农村承包地流转规模突破 1 亿亩，2012 年流转面积为 2.8 亿亩，占比为 21.5%。2013 年全国流转面积 3.4 亿亩，流转比例达到 26%；截至 2014 年年底，全国承包地流转面积达 4.0 亿亩，占承包耕地总面积的比例提高至 30.4%。

表 2 - 5　全国承包地流转面积的变化

单位：亿亩，%

年份	1992	2007	2008	2009	2010	2011	2012	2013	2014
面积	0.12	0.6	1.09	1.51	1.87	2.28	2.78	3.41	4.03
份额	0.9	5.2	8.9	12.0	14.6	17.8	21.5	26.0	30.4

经济发展的过程是依赖耕地为生的农户数量越来越少的过程。随着就业结构升级，兼业农户放弃耕作的机会成本会因为农业收入占家庭总收入的份额的下降而变得越来越小，核心农户的总收入主要决定于土地经营总规模而不是单位土地面积纯收入，所以其支付地租的能力会随着经营规模的扩大而变得越来越强。在这两种趋势的影响下，农地耕种逐步集中到核心农户手里具有客观必然性。农户的土地承包权越稳定，土地流转就越顺利，反之则反是。这是强调土地承包权稳定性的主要原因。

土地流转的好处是促进农业适度规模经营和发育核心农户，从整体上提高我国农业生产经营效率。土地流转有利于土地整理，从而减少农

[①]　张红宇：《中国农村土地调整与使用权流转：几点评论》，《管理世界》2002 年第 5 期，第 76～87 页。

田道路面积和田埂占地面积，并使一些废弃地得到利用，它们合在一起，可以使土地利用率提高 5% 左右。[①]土地规模化经营还有利于提高农户在市场交易中的谈判地位，实现一定程度的减支增收。通过农地流转把土地集中到种粮大户手中的主要作用是提高投入的精准性和经济效率，消除非粮化的风险和降低粮食生产成本，其提高粮食产量的作用不大。土地流转的具体任务如下。

第一，农地经营规模必须与经济发展水平相适应。农业的规模经营根据产业结构的提升而循序渐进会更加切合实际。农业适度规模可以用专门从事农业的核心农户的人均收入不低于兼业农户的人均收入来衡量。

第二，核心农户成为农业经营主体。一旦人均收入达到或超过城乡居民平均收入的 3000 万个（或数量更少）核心农户成为决定国家农业竞争力的农业经营主体，即使还有几千万个兼业农民也无关紧要，即对兼业农民应采取包容性政策。

第三，土地应优先向家庭农场流转。尤其是在农村社会保障体系建立起来之前，要优先在社区内部培育以农户为主的家庭农场。要对土地流向农业公司附加一些条件，尽量减少非农领域的成功者占用农地的现象，要制止外部资本占用农地从事非农经营活动的行为。

第四，规范土地流转行为。要鼓励农业经营者签订土地流转协议。尤其是在土地整理中，要与原土地承包者达成补充协议，明晰相关权利和责任。

第五，促进集体土地产权股份化。中国是少数可以在社区内部实行土地股份化的国家。要在明确土地承包权归农户的前提下，将土地承包经营权量化为股份，通过入股的方法把承包地再集中起来，由组建的村组一级的股份公司统一经营。

政府在土地流转方面的职责是：微观上倡导土地股权在社区内部交

---

① 党国英：《农村土地流转是大势所趋》，《农村实用技术》2014 年第 8 期。

易，宏观上严格土地用途规划和管理制度，消除土地流转中的套取政府农业补贴等投机行为，消除一些商家违反农地农用政策的行为。企业支付的土地租金通常高于土地的平均流转价格，并在用工时首先满足转出土地的农民，使其得到双重收益。但是，企业经营农业具有显著的"非粮化"倾向，也必须加以防范。

3. 农地流转规模和价格

农业用地流转的价格是由土地流转的供求关系决定的。从转出方看，随着土地经营成本的逐年增加和农民务工收入的逐年提高，农民转让土地经营权的意愿整体呈上升趋势。从转入方看，随着农业机械化水平的提高和土地规模效益的显现，专业大户、家庭农场流入土地的意愿也呈上升趋势。相比较而言，在农村职业分化过程中形成的种田能手转入土地的意愿更强，所以土地流转价格上涨具有一定的刚性。有关调查表明，2007 年每亩土地流转租金为 293 元，2008 年为 500 元，2012 年为 660元，2013 年为 880 元。

农地流转价格除了同土地生产力有关外，还与所处位置有关。距城镇驻地越近，土地流转需求越多，流转价格越高。在经济不发达地区，土地流转需求较少，流转价格也较低。区位好的地区的土地流转价格是区位较差地区的 3~4 倍。零星分布的土地，流转价格较低，成方连片的土地，流转价格要高一些。用于种粮的土地，流转价格较低，用于种植经济作物的土地，流转价格较高。

4. 建立土地用途管制制度和耕地保护制度

30 多年来，国家一方面从政策和法律上界定、规范和保护农民的土地权益，如土地承包经营权、集体建设用地使用权、宅基地使用权等；另一方面通过土地利用规划管理制度、土地用途管制制度和耕地保护制度等，建立健全国家对土地利用行为的管制规则体系。

1987 年 1 月 1 日开始实施的《土地管理法》，是城乡土地统一管理的开端，为建立健全土地统计制度、土地调查制度、土地利用规划管理制度、土地用途管制制度、耕地保护制度等一系列农村土地管理制度创造了条件。1998 年修订通过的《土地管理法》及其实施条例，明确规定了土地利用总体规划体系，规划的编制原则、审批程序、修改权限以及依据土地利用总体规划编制土地利用计划的审批程序等。此后，我国编制完成了包括全国、省（自治区、直辖市）、省会城市和大城市、县、乡（镇）五个层级的土地利用总体规划，将农村土地利用全面纳入了规划管理轨道。

1998 年修订通过的《土地管理法》，从法律上规定国家实行土地用途管制制度。国家编制土地利用总体规划，将土地用途分为农用地、建设用地和未利用地。严格限制农用地转为建设用地，控制建设用地总量，对耕地实行保护。农业用地转为建设用地，应当办理农地转用审批手续。修订后的《土地管理法》明确规定，建立包括占用耕地补偿制度和基本农田保护制度的耕地保护制度。占用耕地补偿制度要求，非农建设经批准占用耕地的，按照"占多少，垦多少"的原则，由占用耕地的单位负责开垦与所占用耕地的数量和质量相当的耕地；没有条件开垦或者开垦的耕地不符合要求的，应当按照有关规定缴纳耕地开垦费，专款用于开垦新的耕地。基本农田保护制度要求，将不低于行政区 80% 的耕地划入基本农田保护区，实行更加严格的管理和保护。

四　农业经营管理体制机制改革

1. 缩小行政管理范围，规范行政管理程序

长期以来，我国一直把增加农产品产量、保障城乡居民食物供给作为农业的首要目标。从 1990 年年末农业发展进入农产品供需基本平衡、

丰年有余阶段后，农业目标就由农产品增产拓展为增加农民收入、提高农业综合生产能力、改善农业生态环境、提高农产品质量和优化农业产业结构，从基于国内的农业战略拓展为基于两个市场、两种资源的农业战略，从通过提高农产品价格来保障农民收入拓展到运用产业、财税和金融政策来保障农民收入，以适应农业市场化、国际化和永续化的需要。

农业是一个高度依赖资源禀赋和生态环境的产业。为了形成充分发挥区域比较优势的农业生产力布局，东部地区和大中型城市郊区重点发展高技术、高附加值的农产品，率先实现农业现代化；中部地区发挥生产粮食的比较优势，优化粮食品种和品质结构，促进规模化和产业化经营；西部地区的陡坡地和水资源供给不足的旱地继续退耕还林还草，发展特色农业、生态农业和节水农业。

农业经营管理体制改革的主要任务是转变政府职能、理顺部门关系，建立贯穿产前、产中、产后一体化的农业行政管理体制，解决职能分散、行业分割、部门垄断和地区封锁等问题；消除政府引发的生产和价格扭曲，加强生产服务、食物储备、生产者直接补贴和区域均衡发展等方面的职能，维护市场秩序；弱化政府管理农民的职能，强化政府服务农民的职能；弱化政府干预生产和贸易的职能，增强政府对食品安全、农业可持续发展的管理能力和支持农业发展的公共服务能力。具体做法如下。

（1）深化体制改革。一是选择重点行业作为改革试点，例如建立官方兽医制度，健全兽医防治体系，把各级畜牧兽医站的行政执法职能与服务职能分离开，执法人员与服务人员分离开。二是选择重点产品作为改革试点，如新疆的棉花、黑龙江的大豆、广西的糖业、沿海省区的渔业等。三是选择重点职能作为改革试点，如在生产基地和批发市场实行强制性质量安全检测，建立健全农产品追溯制度。四是选择重点地区作为改革试点，如在特定县市进行农科教、产加销、贸工农一体化的管理体制改革。五是在加强经验总结的基础上把成功的做法转为法律法规，为依法管理创造条件。

（2）强化服务职能。从增强市场建设、基础设施建设、国际市场开拓以及保障食品安全、增加农民收入等方面的职能入手，使政府能更好地引导农业经营主体按照比较优势原则配置农业资源，促进产业升级，保持农业健康发展，提高农产品的国际竞争力；更好地开展农业多边和双边合作与磋商，依法保护和支持农业，保护农民利益。

（3）简化管理程序。管理环节多、链条长，不仅会产生成本高、效能低等问题，还会弱化市场的调节机能。为此，政府弱化了对农业生产和市场的干预，削减了扭曲生产和贸易行为的价格支持、营销贷款等措施；强化了宏观调控、市场监管、公共服务等职能，加强由公共财政支持的一般性生产服务、食物安全储备、生产者直接补贴和区域发展计划等"绿箱"政策措施，只做市场做不到、做不好的事情。核心是强化服务，保护农民利益，促进农业发展。

（4）完善管理体系。一是明确职责范围，界定管理权限，规范办事程序，使管理权限和管理责任相对称；二是建立健全执法监督体系、支持保护体系、质量标准体系、检测认证体系、市场信息体系、推广服务体系；三是加强产前、产中、产后的公共服务。

2. 完善法律法规，严格依法行政

中国农业管理在很长时间内采用行政命令的方式，农业立法和执法起步较晚。现有的农业法律法规侧重于农业生产和农业资源保护，下一步要按照农业主体的需求，开展农产品贸易和农业投资等方面的立法工作，并将合乎公平、公正要求且被广泛认同的有关文件和规章上升为法律法规。通过完善农业法律法规体系，将依法行政的目标落到实处。

（1）健全法律体系。使农业宏观调控、农业支持保护、市场准入、农业资源环境保护等都有法可依。根据依法治国方略，加强农业立法，加大执法力度，健全执法队伍，提高执法水平。规范行政行为。建立健全监督机制，防止和减少"政府失灵"，推进决策民主化、科学化的进程。明确执法主体，规范机构设置，完善执法体系，形成执法合力，加

大执法力度，提高执法水平，增强执法机构的公正性和权威性，保证农业法律法规的有效实施。

（2）完善检测认证和质量标准体系。一是企业质量自检制度，完善检测手段，提高检测能力。二是完善认证体系。从产地环境、投入品、生产加工过程和包装标识等方面开展农产品认证管理，确保农产品质量安全；推行 GMP（良好操作规范）、HACCP（危害分析与关键控制点）、ISO9000（质量管理和质量保证体系系列标准）和 ISO14000（环境管理和环境保证体系系列标准）的认证工作，引导生产者开展产品认证。将农业标准提升为强制执行的技术法规；鼓励农业企业制定内控标准，作为组织和规范生产、加工、销售行为的技术依据。

（3）提高政策稳定性和公开性。政策具有稳定性，市场主体才会具有稳定的预期，政策公开则是公正开展社会监督的基础。依靠稳定和公开的政策，强化市场主体地位。规范市场经济秩序、引导市场经济发展，充分发挥市场在资源配置中的决定性作用。

3. 扩大经济管理范围，改善经济管理方法

深化农业经营管理体制改革，旨在消除影响生产力发展的体制性障碍。建立健全合乎市场经济要求的农业执法管理体系、农产品市场信息体系、农产品质量标准体系、农产品检测认证体系、农产品生产安全监管体系、农业技术推广服务体系、农业资源环境监测体系、农业支持保护体系、农产品储备管理体系，保障我国农业健康发展。建立权责对称，农科教、产加销、贸工农一体化的管理体制，促进我国农业健康发展。按入世协定扩大市场准入、削减国内支持，放弃使用出口补贴和特别保障条款；完善动植物检疫措施和卫生标准，加强知识产权保护等，主动适应和利用多边贸易规则，使农业管理逐步同世界接轨。

农业经营管理体制改革是围绕着增强市场在配置资源上的作用这条主线展开的，改革的任务是在廓清部门间和部门内的职责权限、明确政府职

能与社会组织功能的基础上，建立合乎市场经济体制要求的政府管理体制。一是理顺部门关系，解决职能交叉、重叠的问题。二是做好职责分工，提高各项管理的互补性。三是保护农业资源和生态环境，夯实农业永续发展的基础。四是建立制度化的部门磋商机制，保证涉农部门的协调配合。具体的目标是，按照稳定农产品市场、保障农产品安全、增加农民收入和提高农业竞争力的要求和农业产前、产中、产后一体化管理的思路，构建与市场经济规则相适应的"体系完备、分工合理、权责对称、运转协调、行为规范"的管理体制，以适应全球化带来的机遇和挑战。

实施政务公开制度和责任追究制度。认真履行好规划、协调、监督、服务等方面的职能，减少对微观经济活动的直接干预。强化政府的公共服务职能，并将行政执法责任追究落实到每个环节和每个人，确保权力与责任对称，权力受到监督。

农产品市场具有商品集散、价格形成和信息传递三大基本功能。充分发挥农产品市场的功能，对于引导农民调整农业结构、搞活农产品流通、扩大就业、增加农民收入、加快城镇化建设具有重要作用。建立以配送连锁、电子交易、期货交易等现代市场流通业态为先导，以批发市场为中心，以集贸市场、零售经营门店和超市为基础，统一、开放、竞争、有序的农产品市场体系，是从以下七个方面进行的：一是完善服务功能；二是推进农产品市场流通业态创新；三是改革农产品批发市场的交易方式和运作管理模式；四是加快实行农产品市场准入制度；五是完善市场信息收集与发布制度；六是提高市场主体的组织化程度；七是加强市场管理。具体举措有四个。一是适应市场经济要求，按职能设立机构，实行综合管理。二是明确职能定位，强化公共服务。整合农产品质量安全体系和检验检测体系的管理职能；以为农产品及农业投入品市场服务为核心，整合农产品市场体系和信息体系建设的职能；以提高农业竞争力为核心，整合农业科研、推广、服务等职能。三是结合事业单位改革，加强兽医、植检、农（兽）药、化肥和种子等方面的行政执法职能。四是继续转变政府职能，从行政审批、生产管理转到提供市场信息、技术咨询、灾害测报、产品检测、营销服务、基础设施建设等公共服务上来。加强国际合作与交流，做好保护本国农业和开拓国际市场的双重任务。

五　中国农业改革的经验

中国的经济改革始于农业部门。30多年来，农业改革的目标是逐步递进的。按照改革目标的变化，可将农业改革划分为三个阶段。第一阶段的改革旨在调动农民的生产积极性，解决农民普遍贫困和国民的食品基本需求得不到满足的问题。最基本的措施是实行家庭承包责任制，改农业集体经营为家庭经营。第二阶段的改革旨在建立市场经济体制，实现经济体制转型。具体措施是发育产品市场和要素市场。第三阶段的改革是建立城乡统筹的体制机制，实现农民的权利公平。具体措施是推进城乡基本公共服务均等化。在这个过程中，先出现的是全能型政府向管理型政府转型，再出现的是管理型政府向服务型政府转型。

中国农民在实践中创造出的承包责任制，冲破了计划经济体制的樊篱，也由此走上劳动致富之路。在这一伟大的变革过程中，自始至终蕴含着两条清晰的主线——制度创新和市场发育。我国农业、农村经济市场化的过程又是从传统农业向现代农业转化的过程，这就使得农业改革的经验弥足珍贵。它不仅对农村经济的下一步改革具有连续性的含义，也对国民经济其他领域和城市改革具有借鉴意义。

1. 经济发展的巨大能量蕴藏在农村

中国革命和发展的历程证明，改革与发展的力量主要蕴藏于农村和农民身上。在新民主主义革命时期，以满足农民的土地要求为契机，将蕴藏在农村和农民身上的巨大的革命动力诱发出来，赢得了中国新民主主义革命的胜利。在改革开放时期，以满足农民生产经营自主权的要求为契机，将蕴藏在农村和农民身上的生产积极性激励出来，并将中国引入了快速发展的轨道。在新的发展阶段，我们要以满足农村居民的小康生活要求为契机，将蕴藏于农村和农民身上的巨大的能量诱发出来，这样就一定能走出具有中国特色的发展道路。

在中国，农民占总人口的绝大部分，农村占国土面积的绝大部分。这个基本国情表明：农村的事情没有办好，中国的事情就不可能办好；农民贫困，中国就不可能富强；农业落后，中国就不可能实现现代化。因此，在新的发展阶段，重视农村，关注农村，充分发挥农民的积极性和创造力，确保农业可持续发展，将是中国实现现代化的关键所在。

2. 市场导向是农业增长的重要因素

30 多年的改革实践表明，市场导向的改革是中国农业稳定增长的关键因素之一。从短期看，人为提价的办法确实可以刺激农业的短期增长，但是采用这种办法又有保护传统农业的效应，从而延缓传统农业改造进程。更为适宜的选择是依靠市场机制引导要素流动，从而不断缩小产业之间资源配置上的边际生产力差异。

30 多年来，随着产品市场和要素市场的不断发育，市场机制对农业资源配置的作用越来越显著，农业微观经济基础对市场机制的适应性也越来越强了。然而，与我们确立的全国一体化的市场体系目标相比，农业还需要进行一系列市场取向的经济改革。

3. 向农民赋权是挖掘农业潜力的关键举措

30 多年的改革实践表明，放弃对农民的管制，让农民依据市场信息自主地配置自己可支配的资源，有利于农业增产、农民增收和农村发展。鼓励或允许地方政府积极探索并采用新规则，推动制度创新。在新规则、新制度普遍奏效后，再由国家政策和法规来认定，可以有效地降低试错和体制摩擦的成本。中国的农业改革，无论是推行包产到户、开展土地流转，还是实施农业生产作业外包，都是农民自己推动的，是在与既定政策的冲突中前进的。农民收入的提高，主要源于农业生产效率提高、农业产业结构提升和农村劳动力转移，政府的主要贡献是增加农村公共品供给，为农民增收创造条件。

赋权是将蕴藏在农民身上的财富创造能力进一步发挥出来的有效手段，也是改革以来国家和农业发展的基本经验。改革初期农产品的快速增长，是赋予农民自主经营土地的权益的结果；80 年代中期城乡非农产业的快速发展，是赋予农民选择就业机会的权益的结果；90 年代，农村基层社区干群关系的改善，则是赋予农民选举村领导人的权益的结果。向农民赋权，有利于提高政府目标和农户目标的互补性，从而使政府目标得到农民的广泛支持。然而，对农民的赋权尚未完成，向农民赋权仍是深化农业改革的基点。

参考文献

何广文：《从农村居民资金借贷行为看农村金融抑制与金融深化》，《中国农村经济》1999 年第 10 期。

IFAD, Rural Financial Services in China, *Thematic Study*, Volume 1 No. 1147 (2001).

Justin Yifu Lin, Rural Reforms and Agricultural Growth in China, *The American Economic Review*, Vol. 82, No. 1 (1992).

李建军：《中国地下金融规模与宏观经济影响研究》，中国金融出版社，2005。

李静、韩斌：《中国农村市场化研究报告》，东方出版社，2011。

李力等：《从深圳农村的变化看社会主义制度的优越性》，《暨南大学学报（哲学社会科学版）》1981 年第 4 期。

袁平等：《关于推进当前农村金融改革的几点思考》，《农业经济问题》2006 年第 12 期。

朱守银、张照新等：《中国农村金融市场供给和需求——以传统农区为例》，《管理世界》2003 年第 3 期。

中国人民银行货币政策分析小组：《2004 年中国区域金融运行报告》，中国金融出版社，2005。

第三章

中国农业基本经营制度

一 中国农业基本经营制度的变迁

1949 年以前，中国农业实行的是以土地私有和家庭经营为基础，与自给自足为主的自然经济相适应的基本经营制度。新中国成立以后，逐步建立了以土地公有和集体生产经营为基础，与国家工业化战略和执政党意识形态相适应的农业基本经营制度。

最初推出的是互助组制度。农业生产互助组是在个体经济的基础上，按照自愿互利原则成立的劳动互助组织，有临时互助组和常年互助组两种类型。临时互助组由几户农民组成，在农忙季节进行换工互助，农忙过后即行解散。常年互助组由七八户或十几户组成，除了农事换工互助外，还在工副业和小型水利方面开展互助，有的还有小量公共财产。互助组的建立制约了租地、雇工等行为。1950 年全国有 272 万个互助组，1954 年互助组数量最多，达到 993 万个。互助组实行的是土地私有和共同生产程度很低的农业基本经营制度。

而后推出的是合作社制度。1953 年 12 月中共中央通过《关于发展农业生产合作社的决议》后，互助组很快被合作社所替代。按照生产资料共有程度的不同，农业生产合作社分为初级社和高级社两种类型。初级社建立在主要生产资料私有制基础上，社员的土地、耕畜与大中农机具等作价入股，归社里统一使用，并参与分红。社员的劳动报酬通常高于土地等生产资料的报酬。劳动采取记工分的形式。初级社同互助组相比，农业生产资料共有程度有所提高。高级社建立在主要生产资料公有制基础上，社员私有的土地无偿地转为集体所有，社员的耕畜、大中型农机具由合作社收买，不再参与分红。总收入扣除税金、生产费、公积金和公益金后，根据按劳分配原则进行分配。高级社同初级社相比，农业生产资料共有程度进一步提高。1954 年全国有 11.42 万个合作社，其中初级社 11.4 万个、高级社 200 个。1956 年发展到 75 万个，其中初级社 21 万个、高级社 54 万个。参加高级社的农户占全国农户总数的 88%。合作社实行的是土地共有程度较低和集体生产尺度较小的农业基本经营制度。

接着推出的是人民公社制度。农业合作化时期就有建立"大社"的做法。1957 年冬和 1958 年春，为了适应兴修农田水利的需要，出现了联合社。1958 年 3 月，中共中央政治局成都会议通过《关于把小型的农业合作社适当地合并为大社的意见》后，各地农村开始了小社并大社的工作，有的地方成立了人民公社。同年 8 月，中共中央政治局北戴河会议通过了《中共中央关于在农村建立人民公社问题的决议》。9 月初该决议公布后，全国掀起了人民公社化运动，仅用了一个多月的时间就基本实现了人民公社化。到 1958 年年底，全国 74 万个农业生产合作社合并成为 2.6 万个人民公社，入社农户 1.2 亿户，占全国农户总数的 99% 以上。人民公社初创阶段实行的是土地公有、集体生产以行政村（或以乡或县）为基本单位的农业基本经营制度。该制度很快就暴露出一系列难以克服的弊端。中央政府于 1960 年代初又将其调整为土地公有、集体生产尺度以自然村为单位的农业基本经营制度。

这种调整是有效的，但并没有完全解决存在的问题。20 年后，中央政府又以推广"大包干"为契机，实行土地公有以自然村为单位、农业生产以农户为单位的农业基本经营制度。1980 年，实行包干到户的农村基本核算单位仅占农村基本核算单位总数的 5.0%，1982 年该比例达到 80.9%，1984 年进一步达到 99.1%。[①] 由此可见，意识形态对农业基本经营制度选择的约束具有先逐步增强、后逐步放松的特征，土地公有和集

---

① 农业部农村合作经济指导司《当代中国农业合作化》编辑室：《农村合作经济组织及农业生产条件发展情况资料（1950~1991）》，1993。

体生产尺度也具有先逐步加大、后逐步缩小的特征。

1984 年"大包干"全面推开之后，如何通过组织创新促进农业基本经营制度建设，成为深化农业改革的重要内容。为了开展这些探索，1987 年在安徽省阜阳地区，黑龙江省尚志县、苇河林业局、绥滨农场，河北省玉田县，陕西省礼泉县，四川省广汉县，贵州省湄潭县，广东省南海县，江苏省吴县、无锡县、常熟市，浙江省温州地区，广西玉林市建立改革试验区，试验内容包括乡、村合作经济组织和土地承包制的完善化、制度化，土地规模经营和农业现代化建设，乡镇企业制度建设，农村经济联合体的创立和政策，农产品流通体制改革和供销社改革，农村金融体制改革，农产品基地建设和农业服务体系建设，国营林场和国营农场体制改革等。① 1994 年，中央农村工作会议文件正式提出了"农业基本经营制度建设"的任务。

二　农业基本经营制度建设面临的环境变化

经过 30 多年的发展，中国农业基本经营制度建设面临的环境发生了很大的变化。其中最为显著的变化是：曾经为解决亿万农民的温饱问题发挥了重大作用，以家庭为基础、超小规模的农地资源配置方式，已经越来越不适应农业发展的客观要求了。具体的变化如下。

1. 口粮田的重要性越来越低

随着农产品市场的充分发育、道路交通等基础设施的显著改进和农民收入来源多元化程度的提高，通过市场购买口粮的农户越来越多。曾经推崇的安身立命的口粮田长期不变、责任田向种田能手集中的做法，

---

① 《国务院办公厅转发国务院农村发展研究中心关于农村改革试验区请示的通知》，国办发〔1987〕62 号，1987 年 9 月 16 日。

其适用性和重要性都变得越来越低了。

2. 农民从事农业的机会成本逐渐增大

随着工业化、城市化的快速推进，农民从事非农就业的比例逐渐提高，非农就业的稳定性逐步增强和非农收入增长相对更快，使得农业收入对农户收入的重要性逐步降低。农民从事农业的机会成本逐渐增大。

3. 土地养老的重要性开始下降

土地目前仍然是农民养老极为重要的资源，但资源养老方式被社会养老方式所替代，是经济发展的必然结果，更是农村社会保障体系逐渐完善的必然结果。目前农村社会养老体系还很脆弱，但它具有很强的成长性。根据它的成长性不难看出，它对土地养老具有越来越强的替代效应，土地养老的重要性已经开始下降。

4. 农地的生产功能和资本功能出现分离

改革初期，农地的承包权和经营权、农地的生产功能和资本功能（或实物形态和资产形态）是完全合一的。随着农地流转规模的不断扩大，农地的承包权和经营权、农地的生产功能和资本功能（或实物形态和资产形态）分离的趋势越来越明显。面对这种变化的最简单的做法是坚持农户的土地权益实物化。选择无为而治策略的政府适宜采用这种做法。该做法的优点是不易发生土地权益纠纷，不会出现大的纰漏，其不足是不利于促进土地整理和提高农业竞争力。另一种做法是让农户的土地权益股份化。从表3-1可以看出，尽管农村集体经济经历了30多年的变迁，但到2012年，集体经济仍然拥有大量的集体资产。如何经营好这些资产，是一个不可回避的问题。

表 3 – 1　2012 年中国农村净资产估算

项目	资产类型	面积（亿亩）	资产估值（亿元）	份额（%）
农村净资产总值			1273074.7	100
国家所有、集体经营	草地	22.61	17425.8	1.37
国家所有、承包经营	草地	27.39	21109.8	1.66
集体所有、集体经营			131874.3	10.36
	耕地	0.54	10842.8	
	林地	3.10	2089.0	
	草地	4.50	3468.2	
	经营性建设用地	0.42	91474.3	
	其他经营性资产		24000.0	
集体所有、个人经营			741671.0	58.26
	耕地	17.56	350585.1	
	林地	24.30	16594.0	
	草地	5.50	4238.9	
	宅基地	1.70	370253.0	
个人所有、个人经营			360993.8	28.35
	农业固定资产		19983.0	
	非农业固定资产		8509.7	
	住宅		240270.9	
	净存款		75832.3	
	现金和其他金融资产		16397.9	

资料来源：叶兴庆：《农村集体产权权利分割问题研究》，中国金融出版社，2016。

　　中国是一个拥有农地集体所有的历史遗产，具备将农地权益股权化条件的少数国家之一。选择有为而治策略的政府适宜采用这种做法。该做法的优点是有利于核心农户开展土地整理进而获得由此带来的级差收益，有利于核心农户优化土地资源配置和提升农业竞争力。其不足是：如果土地增值评估不公、村社监管机制不当和政府保护合约不力，有可能发生土地权益纠纷，甚至有可能出现大的纰漏。现实中究竟采用哪种做法应该让农民自己做选择，无须政府做出统一的政策规定。政府的责任是加强土地增值评估的管理、村社监管的督促和相关合约的保护。

5. 农民出现了分化

改革初期，农民既是承包地的生产经营者，又是承包地的用益物权拥有者，农民和地主这两种身份是完全合一的。近些年来，随着农户的就业结构和收入结构的升级，农民和地主这两种身份发生了分离。身份的分离有两种表现形式：一种是把承包地流转给其他农户并收取流转费，自己不再从事农业生产经营；另一种是把承包地上的农业生产活动外包给其他农户并支付报酬，自己只负责农作物的日常管护。农民为了兼顾好收入最大化和照看好承包地（和家产）的关系，其适宜的选择是让强劳力外出挣钱，让弱劳力留家管护。留在家里的弱劳力或多或少会干些农活，但承揽家里所有农活的并不多，且有越来越少的趋向。根据留在家里的弱劳力农活干得越来越少，管理做得越来越多的实际情况，我们有理由做出这些农民发生了分化的判断。

农民发生分化的另一个表现形式是减少劳动时间而增加休闲时间。笔者在农村调查时经常提出的一个问题是：除草的劳动强度并不大，你们为什么宁肯花钱买除草剂和待在村里聊天也不去除草？他们的回答是：除一天草所能节省的支出，相当于外出打工的子女 1 小时的工资，子女宁肯多干 1 小时活也不愿让他们到地里去除一天草，所以他们不再去除草而选择休闲了。

6. 农民进入市场的组织方式多样化

现实中农民进入市场的组织方式很多，成立农民合作社是其中的一种方式。其实，农民合作社的重要性和市场经济体制的完善性有很强的负相关性。市场经济体制的完善性越差，市场缺陷越多，农民合作社的重要性就越强，反之则反是。这也是发达国家的农民合作社的重要性随着市场经济体制完善性的提高趋于降低的主要原因。对于中国来说，应把重点放在深化改革、加快完善市场经济体制上，而不是推广农民合作社去适应不完善的市场经济体制。

在充分竞争的市场环境中，农户可以参加农民合作社，可以同农业公司合作，可以同经纪人交易。正是农户选择的多样性促进了各类组织的充分竞争，所以农户选择的多样性是不可或缺的。循着这个认识做出的推论是，现在要建设的是有利于各类组织充分竞争的农业基本经营制度，而不是仅仅有利于农民合作社发展的农业基本经营制度。

一言以蔽之，1980年代以前的农业基本经营制度，是旨在集中农业剩余，加快推进工业化进程的农业基本经营制度；改革初期的农业基本经营制度，是旨在激发亿万农民的生产积极性和解决温饱问题的农业基本经营制度；现在要建设的农业基本经营制度，是旨在激励各类组织充分竞争的农业基本经营制度，主要解决农业经营规模过小对农业技术应用的制约和农业比较利益偏低对农民从事农业生产积极性的制约。

三　我国新型农业经营主体的发展

新型农业经营主体包括核心农场①、专业农户、农民专业合作社、农业公司等。新型农业经营主体必须同时具备三个条件。第一，农户人均纯收入不低于兼业农户Ⅱ。②第二，具有自生能力。其生产经营可以不

---

① 家庭农场是一个较为宽泛的概念。即使在人均耕地资源禀赋丰富的美国，也将家庭农场定义为生产或销售农产品达到或超过1000美元的主体。我国目前提倡的家庭农场实际上是同注册农户制度相对应的核心农场。为了便于国外学者理解和接受，建议把现在的家庭农场改称为核心农场。

② 已有的研究把兼业农户分为两类，其中家庭收入以农业收入为主的农户为兼业农户Ⅰ，家庭收入以非农收入为主的农户为兼业农户Ⅱ。其实专业农户也需要分类，其中人均收入低于兼业农户Ⅰ的为专业农户Ⅰ，人均收入不低于兼业农户Ⅱ的为专业农户Ⅱ。专业农户Ⅰ是传统农户，专业农户Ⅱ是核心农户。一个国家或地区的农业发展水平要用核心农户的状况来衡量。

依赖于政府补贴（不包括其提供生态服务价值增量所获得的生态补偿）。第三，遵守各项制度和规则。即生产经营合乎遵循相关法律法规和信守合约的市场规则、社会规则的要求。

1. 核心农场

中国现有 2.29 亿个农户参与耕地承包经营。其中经营耕地 10 亩以下的农户占承包户总数的 85% 以上。除了蔬菜、花卉、水果等劳动密集度高、资本密集度高和农产品附加价值高的农业生产项目外，农户很难在不到 10 亩的土地上发展现代农业。于是，不少农民先在农村从事非农产业[①]，接着进城从事非农产业和返乡从事非农产业。随着这部分农民的增多，就业稳定性的增强，农村出现了土地经营权流转。最初，承包地的经营权主要在亲戚朋友之间流转，转包费很低。近些年来，受农地经营权需求大于供给的影响，农地转包费不断升高，土地经营权开始流向出价更高的核心农场等新型农业经营主体，由此促进了核心农场等新型农业经营主体的发展。

农业部于 2013 年 3 月开展的核心农场[②]调查结果显示：截至 2012 年年底，全国 30 个省、区、市（不含西藏）共有核心农场 87.7 万个，经营耕地面积 1.76 亿亩，占全国承包耕地总面积的 13.4%。平均每个核心农场有劳动力 6.01 人，其中家庭成员 4.33 人，长期雇工 1.68 人。在全部核心农场中，从事种植业的有 40.95 万个，占 46.7%；从事养殖业的有 39.93

[①] 由于城市改革滞后于农村，加上要解决"文化大革命"期间下乡、改革后返城的数千万知青的就业问题，20 世纪 80 年代中期城市几乎没有能力吸纳农民进城就业，所以当时国家实施了农民可以离开土地从事非农产业但不能离开农村的政策。这与人民公社体制期间实施的农民必须在农村务农的政策相比显然是一个进步。20 世纪 90 年代实施的农民可以离开土地也可以离开农村的政策则是更大的进步。由此可以看出中国改革的渐进性特征。

[②] 核心农场的基本条件是：农场经营者具有农村户籍，以家庭成员为主要劳动力，以农业收入为主，经营规模稳定达到县级以上农业部门确定的标准。

万个，占45.5%；从事种养结合的有5.26万个，占6%；从事其他行业的有1.56万个，占1.8%。经营规模50亩以下的有48.42万个，占核心农场总数的55.2%；50~100亩的有18.98万个，占21.6%；100~500亩的有17.07万个，占19.5%；500~1000亩的有1.58万个，占1.8%；1000亩以上的有1.65万个，占1.9%。2012年，全国核心农场经营总收入为1620亿元，平均每个核心农场为18.47万元。[①]

2. 专业大户

现实中，很多主要劳动力外出打工的农户不愿意把土地经营权流转出去，他们采取的是分别雇用各类专业农民完成其承包地上的犁地、播种、喷药、收割等生产活动的办法。这个需求拉动了专业农户的发展。专业大户是主要从事农业生产的某个环节，且农业收入占家庭全部收入80%以上的农户。我国目前专业大户占农户总数的份额估计不到5%。大多数专业大户属于核心农户。从表3-2可以看出，1990年，全国农机户经营收入593亿元，2005年增加到2606亿元，2012年增加到4779亿元。前15年年均增加134亿元，后7年年均增加268亿元，增速显著加快。

表3-2　1990年以来农机户经营收入的变化

单位：亿元

年份	农机户经营收入	年份	农机户经营收入	年份	农机户经营收入
1990	593.0	2003	2269.7	2008	3466.5
1995	1036.8	2004	2421.5	2009	3894.1
2000	2000.0	2005	2606.1	2010	4247.9
2001	2040.0	2006	2811.0	2011	4509.0
2002	2150.0	2007	2986.0	2012	4779.0

资料来源：农业部。

---

① 董峻：《全国核心农场达87.7万个》，新华网，2013年6月5日，news. xinhuanet. com/xiangtu/2013-06/05/c_ 124814602. htm。

1996 年以来，拥有联合收割机的专业农户利用从南到北小麦成熟的时间差进行跨区收割，使联合收割机的使用时间从过去平均每年 7～10 天增加到一个多月。农业机械利用时间的显著提高，使专业农户能在不提高每亩收割费的情形下提高经营效益和总收入。目前，跨区作业模式已经推广到水稻、玉米等作物的机收和其他生产环节。2013 年全国粮食主产区共有 7 万多台玉米收割机参加跨区收割，平均单机作业面积 915 亩。平均机收价格为 80～100 元/亩，净收益普遍高于 4 万元。① 鉴于缺乏足够大的晒场成为制约农户扩大种植规模的因素，收割后采用烘干机烘干粮食的需求快速增长。烘干环节的机械化作业，将成为农业机械研发和应用的一个新领域。

3. 农民专业合作社

截至 2013 年年底，全国依法登记的专业合作、股份合作等农民合作社达到 95.07 万家，实有成员 7221 万户，占农户总数的 27.8%；联合社有 5600 多家，联合会有 2554 家。截至 2014 年 2 月，全国实有农民专业合作社 103.88 万家，出资总额 2.04 万亿元。② 在国家政策的支持下，各地农民合作社之间的联合成为普遍现象，联合社的组建增强了农民抵御市场风险和增收致富的能力。

4. 农业公司

适宜公司经营的农业领域主要有三类。一是设施种植业和规模化养殖业。这些农产品与大宗农产品相比标准化程度更高，投资密集度更高，规模经济更显著，且具有更好的成长性。二是农产品加工业。包括粮油

---

① 赵洁：《我国玉米机收率连续五年增幅超 6 个百分点》，《农民日报》2013 年 12 月 4 日。

② 数据来自工商总局。

加工、畜禽水产品加工、果蔬加工和特色农产品加工等。这是提高农产品附加价值的重要途径。三是生产性服务业。重点是良种服务、农资连锁经营、农产品现代物流、农业信息服务等。它们是具有广阔前景的产业，也是国家政策支持的重点。

鉴于中国的猪肉消费量占肉类消费总量的64%，下面以生猪生产为例分析由公司主导的规模化养殖的进展。直至20世纪末，中国90%以上的生猪仍由农户散养。最近10多年，生猪规模化养殖迅猛发展。2005年，年出栏50头以上的生猪养殖户出栏生猪占全国出栏生猪总数的38%；2010年该指标接近65%①，2013年估计在70%左右。奶牛养殖也是如此。2012年，百头以上规模牧场占比已经提升至近40%，300头以上规模牧场已提升至近30%。家禽的规模化养殖进展更快。

目前，以龙头企业为主体的产业化经营组织超过30万个，辐射带动农户1.2亿户，农户加入产业化经营年均增收2800多元。农业产业化示范基地加快发展，集群集聚效应不断显现，逐步成为带动农村经济发展新的增长极。全国农业经营性服务组织超过100万个，在农机作业、农作物病虫害统防统治、动物疫病防控等方面发挥着日益重要的作用。

四 培育核心农户的思路

中国农村正在发生深刻的变化。在市场化、专业化、非农化、城镇化等因素的共同作用下，延续了数千年的农业经营方式基本瓦解，农业经营体系发生了三个"替代"，即以自给为主的农业生产方式被以商品生产为主的农业生产方式替代，村社内部熟人之间的劳务交换被陌生人之间的劳务交易替代，社区规则被市场规则替代。这意味着经过持续几

---

① 徐梦芹：《我国生猪养殖行业进入转型期》，《中国畜牧兽医报》2013年9月23日第9版。

十年的经济快速发展,发展现代农业的基础条件已经基本形成了。农业基本经营制度和农业经营体系必须根据以上三个变化做出相应调整。

在工业化和城镇化的进程中,农场数量的下降具有客观必然性。同时还要看到,农场数量会随着工业化和城镇化的基本完成而趋于稳定。例如美国,其农场数量从 1900 年的 570 万家下降到 1990 年的 220 万家,其中 1950 年代平均每年减少 16.85 万个,1960 年代平均每年减少 10.13 万个,1970 年代平均每年减少 5.10 万个,1980 年代平均每年减少 2.94 万个,1990 年代农场总数趋于稳定。1990 年代至今,美国农场数量保持在 220 万家左右。中国的农业劳动力转移远远没有完成。在这种情形下,农户数量减少具有合理性。这也是农业平均经营规模扩大、职业农民农业收入快速增长的主要原因。

我国必须下大力气发展核心农场,并使之成为农业增长的主体。但是小农场仍将长期存在。例如美国,其农产品供给主要依靠大农场,但它仍有大量农产品销售额在 1000～10000 美元的小农场。[①] 对此,我们必须要有清醒的认识,以免犯操之过急的错误。

上述分析是为了说明:只有一部分农户而不是所有农户会成为新型农业经营主体,所以构建新型农业经营体系,要重点瞄准能够成为新型农业经营主体的那部分农户,形成能最大限度地有利于新型农业经营主体发育的宏观政策环境。

党的十八大报告提出,坚持和完善农村基本经营制度,构建集约化、

①　据分析,美国仍有大量农产品销售额 1000～10000 美元的小农场的主要原因有三个。一是拥有小农场的家庭已经以非农收入为主,2004 年这些小农场的家庭平均非农收入为 74000 美元,是其农业收入的若干倍。二是允许农场经营的亏损抵消个人所得税的美国个人所得税法,发挥了一定的作用。三是小农场得到了农田长期休耕保护项目(CRP)和湿地保护项目(WRP)等政府项目的支持。统计数据表明,从 2002 年到 2008 年,农田长期休耕保护计划累计支出 128 亿美元,其中 80% 以上为小农场主所得;湿地保护计划每年投入 1.8 亿美元,其中 82% 补助给了小农场。

专业化、组织化、社会化①相结合的新型农业经营体系。2013 年中央"一号文件"、党的十八届三中全会都把构建新型农业经营体系、培育新型农业经营主体作为发展现代农业的基础。2014 年中央"一号文件"对这个主题做了更为详尽的阐述。为鼓励土地经营权流向新型经营主体，发展多种形式的适度规模经营，要发育土地经营权流转市场，探索建立工商企业流转农业用地风险保障金制度，有条件的地方可对流转土地给予奖补；要创新市场导向的农业服务体系，推行合作式、订单式、托管式等服务模式，完善农业产销服务市场体系；为鼓励发展混合所有制的农业产业化龙头企业，国家在年度建设用地指标中单列一定比例专门用于新型农业经营主体建设配套辅助设施；鼓励地方政府和民间出资设立融资性担保公司，为新型农业经营主体提供贷款担保服务；加大对新型职业农民和新型农业经营主体领办人的培训力度；通过政府购买服务等方式，支持具有资质的经营性服务组织从事农业公益性服务；等等。

构建新型农业经营体系的主要任务是发育市场、完善制度、培育核心农户。主要理由有四个。第一，现代农业的发展机会要留给坚守在农村的核心农户，尽量不要以招商引资的方式轻易地把现代农业的发展机会廉价地送给已经在非农部门挖到第一桶金的企业家，再由他们以雇用农民的方式发展现代农业。第二，核心农户是实行企业化经营、融入市场体系和具有自生能力的农户，他们同企业家一样有效。第三，以核心农户为主体，有助于提高农业生产的组织化程度，有助于推进农业标准化、规模化生产和品牌化经营，有助于保持农村经济和社会的稳定。第四，一个国家或地区农业发展水平，包括农产品安全程度、农业国际竞争力和农业可持续发展水平，决定于核心农户的状况。培育核心农户的具体建议如下。

第一，以土地流转和农地经营权入股等措施，促进土地经营权与承

---

① 笔者认为，社会化的表述不够准确，用市场化表述更好。

包权分离，促进核心农户发展。

第二，政府在技术、信息、人才培养、农户合作等方面为核心农户提供服务，为核心农户的成长创造条件。发育产前、产中、产后服务市场，降低核心农户的生产成本，提高核心农户的生产经营效益。

第三，创新农业经营体系，为核心农户进入集约化、专业化、规模化、组织化体系创造条件，使核心农户在规模、效率、技术、市场等方面的比较优势能够充分发挥出来。

第四，允许企业和社会组织在农村兴办各类事业，为核心农户的发展提供有效支持。

五　总结性评论

我国农业基本经营制度的变迁表明，意识形态对农业基本经营制度选择的约束有先逐步增强、后逐步放松的特征，土地公有和集体生产的尺度也有先逐步加大、后逐步缩小的特征。

1980 年代以前的农业基本经营制度，旨在集中农业剩余，加快推进工业化进程；1980 年代以来的农业基本经营制度，旨在激发亿万农民的生产积极性和解决温饱问题；现在的农业基本经营制度，旨在促进各类主体的充分竞争，消除农业经营规模过小对农业技术应用的制约和农业比较效益偏低对农民从事农业生产积极性的制约。

随着口粮田和土地养老的重要性的下降，农地生产功能和资本功能的分离，农民和地主的分化，以及从事农业的机会成本的增大，以家庭为基础、以承包权与经营权完全合一为特征、超小规模的农地资源配置方式将越来越不适合农业发展的要求。本章在论证核心农场是最重要的新型农业经营主体的基础上，探讨了识别核心农场的三个条件，分析了核心农场面临的挑战，提出了加快培育核心农场的建议。

参考文献

陈锡文：《加快构建新型农业经营体系刻不容缓》，《农村经营管理》2013 年第12 期。

农业部农村合作经济指导司《当代中国农业合作化》编辑室：《农村合作经济组织及农业生产条件发展情况资料（1950～1991）》，1993。

宋洪远、赵海：《构建新型农业经营体系，推进经营体制创新》，《团结》2013年第1 期。

叶兴庆：《农村集体产权权利分割问题研究》，中国金融出版社，2016。

张晓山：《创新农业基本经营制度发展现代农业》，《经济纵横》2007 年第1 期。

第四章

中国农业的发展

一 中国农业自然资源的特点

1. 人均水土资源占有量少

中国人均耕地面积 1.5 亩，为世界平均数的 1/3，是人均占有耕地最少的国家之一。中国人均林地面积约 1.8 亩，为世界平均数的 1/7；中国人均草地面积 3 亩多，只及世界平均数的 1/3。

2. 干湿状况的地区差异大

中国南北相距 5500 多公里，跨近 50 个纬度，大部分地区位于北纬 20° ~ 50°的中纬度地带。全国的干湿状况以 400 毫米等雨量线为界分为东南和西北两大部分，各占国土的一半左右。东南部受太平洋季风环流影响，雨水较充沛，雨热基本同期，80% 以上的雨水集中在作物生长期内，这是 90% 以上的农区分布在东南部的重要原因。西北部为半干旱和干旱区。年降水量大多在 400 毫米以下，有些地方仅数十毫米甚至数毫米，干燥度在 1.5 以上，有的甚至超过 20，限制了农业发展。这些地区有辽阔的草原，是中国的牧区。

3. 水土资源协调性差

中国河川多年平均径流总量为 27115 亿立方米，折合年平均径流深为 284 毫米，较许多国家为低。中国人均占有径流量 2558 立方米，只相当于世界平均数 10800 立方米的 1/4。长江流域及长江以南的耕地占全国总耕地的 37.8%，拥有的径流量占全国的 82.5%；黄淮海三大流域的耕地占全国的 38.4%，径流量只占全国的 6.6%。水量在时间分配上极不平衡，年际变幅也很大。

二 农业投入

1. 劳动力

1952年全国从事农业的劳动力17317万人，占全国就业总量的83.5%。1991年全国从事农业的劳动力最多，达到39098万人，是1952年的2.26倍，但其占全国就业总量的份额降为59.7%。2000年全国从事农林牧渔的劳动力36043万人，其占全国就业总量的份额降至50%。2014年从事农林牧渔的劳动力23076万人，占全国就业总量的份额降至29.9%（参见图4-1）。除了农业劳动力数量发生显著变化外，农业劳动力的组成也发生了很大变化，其中45岁以下的中青年所占比例已经非常低了。需要指出的是，由于农户的农业生产活动越来越多地采用商业性外包方式来完成，留在农村的老弱劳动力承担的农业生产任务是较为有限的，即他们的农民特征趋于弱化，地主特征趋于强化。

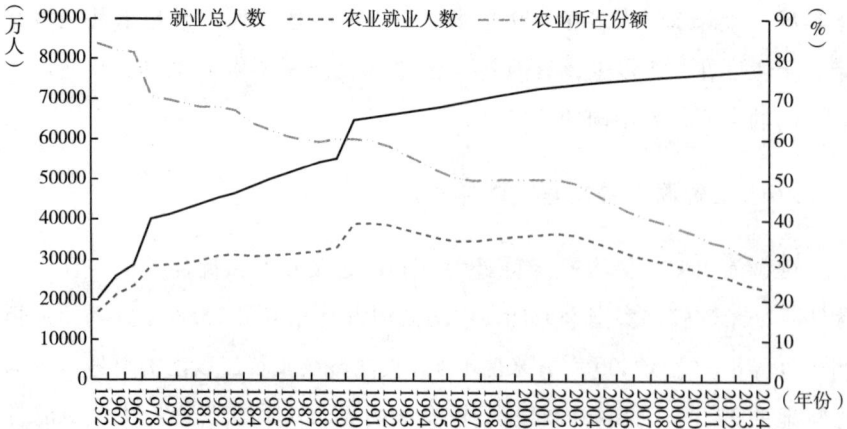

图4-1 中国农业劳动力数量的变化

表 4 – 1 中国农业劳动力数量及其占全国就业总量的份额

单位：万人，%

年份	农林牧渔业劳动力		年份	农林牧渔业劳动力		年份	农林牧渔业劳动力	
	数量	份额		数量	份额		数量	份额
1952	17317	83.5	1973	28857	78.7	1994	36628	54.3
1953	17747	83.1	1974	29218	78.2	1995	35530	52.2
1954	18151	83.1	1975	29456	77.2	1996	34820	50.5
1955	18592	83.3	1976	29443	75.8	1997	34840	49.9
1956	18544	80.6	1977	29340	74.5	1998	35177	49.8
1957	19309	81.2	1978	28318	70.5	1999	35768	50.1
1958	15490	58.2	1979	28634	69.8	2000	36043	50.0
1959	16271	62.2	1980	29122	68.7	2001	36399	50.0
1960	17016	65.7	1981	29777	68.1	2002	36640	50.0
1961	19747	77.2	1982	30859	68.1	2003	36204	49.1
1962	21276	82.1	1983	31151	67.1	2004	34830	46.9
1963	21966	82.5	1984	30868	64.0	2005	33442	44.8
1964	22801	82.2	1985	31130	62.4	2006	31941	42.6
1965	23396	81.6	1986	31254	60.9	2007	30731	40.8
1966	24297	81.5	1987	31663	60.0	2008	29923	39.6
1967	25165	81.7	1988	32249	59.4	2009	28891	38.1
1968	26063	81.7	1989	33225	60.0	2010	27931	36.7
1969	27117	81.6	1990	38914	60.1	2011	26594	34.8
1970	27811	80.8	1991	39098	59.7	2012	25773	33.6
1971	28397	79.7	1992	38699	58.5	2013	24171	31.4
1972	28283	78.9	1993	37680	56.4	2014	23076	29.9

资料来源：国家统计局，历年《中国统计年鉴》。2014 年为估计数。汪传敬的估计为 22669 万人（中国社会科学院农村发展研究所、国家统计局农村社会经济调查司：《中国农村经济形势分析与预测（2015）》，社会科学文献出版社，2015，第 54 页）。

单位耕地投工量的减少是农业劳动力数量下降的主要原因。从 1978 年至 1985 年，水稻、小麦、玉米和大豆的亩均用工量分别由 38.1 个工日、30.7 个工日、31.1 个工日和 22.2 个工日减少到 21.9 个工日、14.5

个工日、16.3 个工日和 11.6 个工日，分别下降了 42.5%、52.7%、47.6% 和 47.7%（参见图 4 - 2）。这一阶段的用工量的变化，主要是提高劳动效率的结果，是农户家庭经营替代农民集体经营的改革带来的，所以农业用工量表现出快速下降的特征。2011 年，水稻、小麦、玉米和大豆的亩均用工量为 7.6 个工日、5.6 个工日、7.2 个工日和 3.1 个工日，与 1985 年的亩均用工量相比，分别下降了 65.3%、61.4%、55.8% 和 73.3%（参见图 4 - 2）。这一阶段的用工量的变化同农业机械的应用密切相关，主要是机械替代手工的结果。由于农业机械是逐步替代农业劳动力的，所以农业用工量具有缓慢下降的特征。

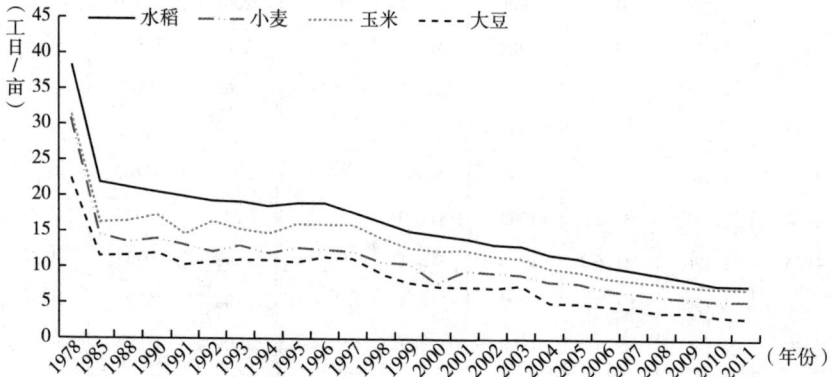

图 4 - 2　1978 年以来水稻、小麦、玉米和大豆亩均用工量的变化

表 4 - 2　水稻、小麦、玉米和大豆的亩均用工量

单位：工日/亩

年份	水稻	小麦	玉米	大豆	年份	水稻	小麦	玉米	大豆
1978	38.1	30.7	31.1	22.2	1993	19.2	13	15.3	11.1
1985	21.9	14.5	16.3	11.6	1994	18.6	12	14.7	11
1988	21.1	13.5	16.5	11.6	1995	19	12.7	16	10.7
1990	20.6	14	17.3	12	1996	19	12.4	16	11.4
1991	19.9	13	14.6	10.4	1997	17.8	12.2	15.9	11.2
1992	19.3	12.2	16.4	10.7	1998	16.4	10.8	14.2	9.3

续表

年份	水稻	小麦	玉米	大豆	年份	水稻	小麦	玉米	大豆
1999	15.1	10.5	12.8	7.9	2006	10.4	7	8.7	4.7
2000	14.6	7.9	12.4	7.4	2007	9.7	6.6	8.3	4.5
2001	14.1	9.5	12.4	7.4	2008	9.1	6.1	7.9	3.9
2002	13.3	9.3	11.7	7.2	2009	8.4	5.8	7.5	3.9
2003	13.1	9	11.3	7.5	2010	7.8	5.6	7.3	3.4
2004	11.9	8.1	10	5.2	2011	7.6	5.6	7.2	3.1
2005	11.4	7.9	9.5	5.1	—	—	—	—	—

资料来源：国家发改委物价局，历年《全国农产品成本收益资料汇编》。

2. 耕地

中国 60 多年来的耕地面积统计数据比较紊乱，虽然这些数据可用来分析一个个特定阶段的农业发展状况，但无法从总体上反映耕地面积变化的实际态势。要较为准确地反映 60 多年来的中国农业发展状况，耕地数据必须重建。

（1）中国耕地面积数据重建的原因

第一，各阶段耕地面积基数的来源不同，各阶段数据无法实现衔接。中国公布耕地面积的政府机构有两个，一个是国家统计局，一个是国土资源部。国家统计局公布了 1949～1995 年的耕地面积数据，国土资源部公布了 1996～2012 年的数据。其中，1996～2012 年的数据又分为1996～2008 年和 2009～2012 年两段。从图 4-3 可以看出，这三段数据无法从总体上把中国 60 多年来的耕地面积变化态势较为准确地勾勒出来。

第二，各阶段度量耕地变动的指标不同，各年的耕地面积净变化量缺乏可比性。1998 年以来，我国耕地面积的净变化量是根据当年非农建设、结构调整、生态退耕、灾毁四项耕地占用和新增耕地五项指标计算出来的，1997 年以前，我国耕地面积的净变化量有的年份根据耕地增减两项指标计算，有的年份没有估算耕地面积的净变化量。

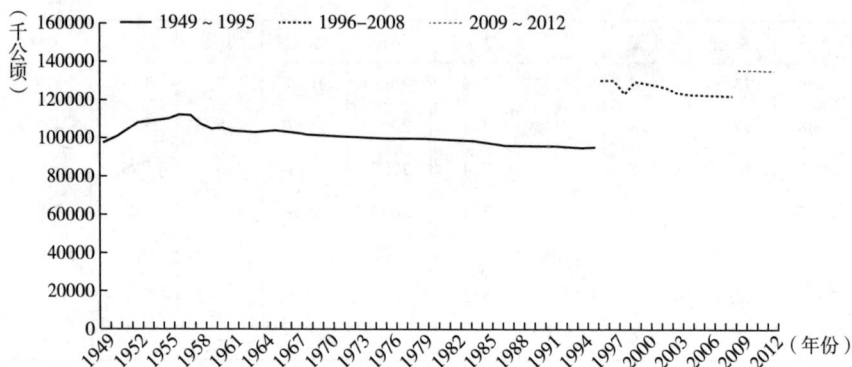

图 4 - 3　1949 ~ 2012 年我国统计局和国土资源部公布的耕地面积数据

注：1949 ~ 1995 年为国家统计局公布的数据，其余年份为国土资源部公布的数据。

第三，有的阶段只有耕地减量，没有耕地增量。这是 1958 ~ 1994 年中国耕地面积持续下降的主要原因。1958 ~ 1985 年，中国实行了 20 多年的人民公社体制。人民公社体制的最大优势是组织农民做单个农户做不成的事情，其中当然包括开垦单个农户难以开垦的土地。该阶段建设用地对耕地的占用不是很多。按照这个逻辑，这个阶段的耕地面积应该是增加的。耕地面积不升反降的原因有三个。一是政府不再发放土地证，农业集体经济组织失去了上报耕地增量的积极性。二是农业集体经济组织不愿主动增加其承担的征粮任务。政府下派的征粮任务是根据耕地面积确定的。倘若农业集体经济组织上报新增耕地，其承担的征粮任务势必相应增大。三是新增耕地成为农业集体经济组织实现政府确立的单产目标（如粮食产量上纲要）的基本手段。粮食单产是按上报的总产量和耕地面积计算的，不报新增耕地有利于达到国家确立的单产目标，所以农民将新增耕地称为"帮忙田"。

同样道理，为了减少需承担的征粮任务和不影响粮食单产，农业集体经济组织会及时上报建设占地情况，以要求政府调减征粮任务，调小计算粮食单产的耕地面积，从而不影响粮食单产。这是该阶段国家统计局公布的耕地面积逐年递减的主要原因。

（2）我国耕地面积数据重建的条件

目前，我国已经具备了重建全国耕地面积数据的有利条件。

第一，1949～1957年的耕地数据。1949～1957年，地方政府对新增耕地是发放土地证的。为了获得新增耕地的产权，农户积极开荒并申报，所以土地管理部门账面上的耕地面积是持续增长的。根据土地管理部门账面上的数据，可以得到历年的耕地增量。

1949年前我国从未做过全国性的耕地调查，没有基于丈量的全国性耕地数据。为了发放土地证，20世纪50年代进行了耕地丈量，并得到了1957年耕地面积为19.77亿亩的数字，以及1949～1957年农民通过开荒增加2.09亿亩耕地的数字。根据这两个数据可以推算出1949年的耕地面积为17.68亿亩。1949年耕地面积加上历年的耕地增量得到1949～1957年各年的耕地面积数据，大体上是准确的。

第二，2009～2012年数据。2013年，国土资源部根据耕地利用变更的最新遥感数据，公布了2009～2012年的耕地面积数据。这次遥感数据的判别具体到每一个村庄，克服了无法将属于耕地的茶园、果园以及蔬菜大棚等设施农业占地识别为耕地的不足，是迄今为止最为精准的耕地面积数据。这是我国国土资源部做出并公布的耕地面积大于美国做出的耕地面积的重要原因。必须指出，遥感资料解析是根据耕地上的生物量是否发生显著变化做判断的，它难以将全年休耕、地表上的生物量一直没有显著变化的耕地识别为耕地，所以耕地面积数据仍存在低估的问题，这也是国土资源部公报中使用耕种的耕地面积这个术语的主要原因。

第三，1998～2008年耕地变更的数据。这个时期有较为精准的耕地利用变更数据（参见表4-3）。有了2009～2012年的耕地面积数据，就可以根据这些数据反推出1998～2008年各年的耕地面积。

做出这一阶段耕地利用变更数据较为精准的理由有四个。其一，生态退耕是有政府补贴的。为了领取应得的政府补贴，农户不可能少报退耕还林还草、退田还湖面积；政府用于生态退耕的补贴资金是有限的，不会容忍农户多报面积，所以这些数据是准确的。其二，建设占用耕地和非耕地的政府补偿标准有很大的不同。为了领取更多的政府补偿金，农户不会少报建设占用的耕地面积，同样政府也不会容忍农户多报建设占用的耕地面积，所以这些数据是准确的。其三，灾毁耕地修复有政府支持。虽然灾毁耕地统计没有生态退耕和建设占用那样严格，但农户多报和政府容忍多报的程度是很有限的，所以这些数据基本上是准确的。其四，新增耕地同政府的土地管理政策密切相关，数量上不会有大的出入，所以这些数据也是准确的。关于新增耕地的质疑主要不是它的数量而是它的质量。需要指出，其一，新增耕地质量较差是常态而不是故意为之的非常态；其二，耕地肥力是可以培育的，我们不仅要看到新增耕地的质量在短期内无法与减少的耕地相比的一面，还要看到新增耕地的质量会随着时间推移逐渐提高，与减少的耕地的质量差距逐渐消失的另一面；其三，只要全面采取提高新增耕地肥力的措施，这个过程是可以加快的。

表 4 - 3　1998～2008 年全国耕地面积的变化

单位：千公顷

年份	耕地减少面积	生态退耕	结构调整	建设占用	灾　毁	新　增
1998	254.6	164.6	—	—	—	—
1999	436.6	394.6	107.1	205.3	134.7	405.1
2000	962.3	762.8	265.6	163.3	61.7	291.1
2001	627.3	590.7	45.0	163.7	30.6	202.6
2002	1686.2	1425.5	274.6	196.5	56.4	266.8
2003	253.7	223.7	33.1	22.9	5.0	31.1
2004	80.0	73.3	20.5	14.5	6.3	34.6
2005	361.6	390.3	12.3	212.1	53.5	306.7
2006	306.8	339.4	40.2	258.5	35.9	367.2
2007	40.7	25.4	4.9	188.3	17.9	195.8
2008	19.3	7.6	24.9	191.6	24.8	229.6

资料来源：国土资源部公布的历年《国土资源公报》和《全国土地利用变更统计结果》。

第四，耕地面积由增加转为下降的年份的估计。耕地面积数据重建的最大问题，就是确定我国耕地面积由增加转为下降的年份。笔者认为，在实行人民公社体制期间，我国耕地面积是增加的；在实行农户联产承包责任制初期，耕地面积仍然是增加的。理由是，笔者在做退耕还林工程中期评估时发现，有些退耕地是农户承包后新开垦的土地而不是承包地。至此，需要对不同阶段农民开垦耕地的动力做一个概括。20世纪50年代耕地面积的增加，同农户追求土地产权的冲动相连接。人民公社时期耕地面积的增加，同农业集体经济组织追求土地单产达到政府确立的土地单产目标的冲动相连接。改革初期耕地面积的增加，同农户希望剩下更多的粮食和获得更多的农产品收入的冲动相连接。

我国的家庭联产承包是在1984年告一段落的。按照这个逻辑，我国耕地面积由增加转为下降的年份应该在1984年之后。将1984年作为我国耕地面积变化转折点的理由是：耕地开垦潜力同生产队的富裕程度有较强的负相关性。即位于西部或山区的穷队大多有耕地开垦潜力，而位于东部或平原地区的富队几乎不再有耕地开垦潜力。1983年和1984年实行大包干的生产队几乎都是缺乏开垦耕地潜力的富队，而较早实行大包干的穷队到1984年已经把耕地开垦潜力挖掘出来了，所以将1984年作为我国耕地面积变化的转折点是较为适宜的。

第五，缺失年份耕地面积变化的估计。接下来的工作是估计1958年至1997年这40年的耕地面积数据。笔者认为，重建耕地面积数据不是为了反映耕地面积的波动，而是熨平波动，将这40年耕地面积的变化趋势勾勒出来。具体地说，就是把1984年作为转折点年份，根据可利用的有限信息，把1958～1984年耕地面积逐年递增的态势和1984年之后耕地面积逐年递减的变化态势勾勒出来。笔者的假设是：1984年以前耕地面积递减增加，即耕地面积增量一年比一年小。1984年以后，耕地面积先递增减少，即耕地面积减量一年比一年多；再递减减少，即耕地面积减量一年比一年少，使之能够与耕地面积逐步趋于平稳的态势相对接。

我国耕地面积会趋于平稳的理由有四个。其一，我国耕地管理制度越来越严格，制度执行力越来越强。其二，我国由市场决定的城镇化率已经达到56%（高于由政府决定的基于户籍制度的城镇化率20个百分点），占用耕地推行城镇化的高潮已经过去。其三，近些年新增的城镇建设用地主要来源于优化村庄用地节约出来的村庄建设用地，耕地的贡献率已经非常小了。其四，我国人均建设用地面积已经超过发达国家平均水平，提高现有城镇建设用地的潜力非常大，城镇化用地需求的一部分可以从提高已有城镇土地利用潜力来满足。

（3）我国耕地面积数据重建的结果

耕地数据重建有三个假设：一是有政府发放的土地证做支撑的1949～1957年的耕地数据是可靠的，无须重建；二是1984年为我国耕地由增转降的转折年；三是数据越新，采用的方法和技术越先进，计算结果与实际情况越接近。基于这三个假设，耕地数据重建就是根据国土资源部公布的2009～2012年的耕地面积反推1958～2008年的数据。具体步骤是：①根据1998～2008年耕地利用变更数据反推1998～2008年的各年数据；②1998年的耕地面积加上1985～1997年耕地面积减少总量为1984年的耕地面积；③1984年的耕地面积减去1957年的耕地面积为1958～1984年耕地面积增加总量；④根据前面关于耕地面积变化的设定，计算1958～1997年历年的耕地数据。我国耕地面积数据重建的结果如下（参见表4-4和图4-4）。

表4-4 我国耕地面积重建数据

单位：千公顷

年份	面积	年份	面积	年份	面积	年份	面积	年份	面积
1949	11786.67	1954	12660.00	1959	13295.31	1964	13579.58	1969	13858.24
1950	11960.00	1955	12833.33	1960	13352.62	1965	13635.76	1970	13913.31
1951	12133.33	1956	13006.67	1961	13409.70	1966	13691.71	1971	13968.15
1952	12306.67	1957	13180.00	1962	13466.55	1967	13747.44	1972	14022.78
1953	12486.67	1958	13237.77	1963	13523.18	1968	13802.95	1973	14077.19

续表

年份	面积	年份	面积	年份	面积	年份	面积	年份	面积
1974	14131.39	1982	14557.24	1990	14514.14	1998	14276.16	2006	13593.48
1975	14185.37	1983	14609.52	1991	14486.18	1999	14237.97	2007	13547.46
1976	14239.13	1984	14661.59	1992	14456.61	2000	14172.48	2008	13541.36
1977	14292.68	1985	14638.43	1993	14425.13	2001	14028.13	2009	13538.46
1978	14346.01	1986	14614.95	1994	14391.37	2002	13934.03	2010	13526.83
1979	14399.13	1987	14590.97	1995	14354.93	2003	13681.10	2011	13523.86
1980	14452.05	1988	14566.31	1996	14315.29	2004	13655.72	2012	13515.85
1981	14504.75	1989	14540.77	1997	14295.73	2005	13647.72	2013	—

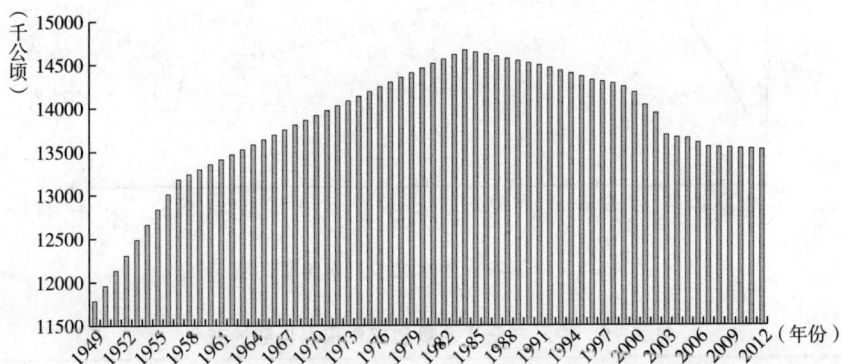

图 4-4　由耕地面积重建数据勾勒的我国耕地面积变化统计

3. 水资源

农业用水占总用水量的份额显著大于其占用的土地份额，所以必须关注农业用水的投入。从图 4-5 可以看出，中国农业用水量先从 1949 年的 1001 亿立方米增加到 1995 年的 4790 亿立方米，然后逐渐减少到 2011 年的 3744 亿立方米。2012 年（3899 亿立方米）和 2013 年（3920 亿立方米）的农业用水量略有增加，但这种扰动改变不了农业用水总量缓慢减少的长期趋势，而且很可能是测度更精准的结果。农业用水量增加的主要原因是灌溉面积扩大。农民不会轻易放弃原本属于他们的水权，所以灌溉效率的提高往往与灌溉面积的扩大相联系。要改变这种情况，必须开展水权交易。这是将部分农业水权转为非农水权必不可少的措施。需要指出的是，一部分灌溉用水会继续进入水循环，农业的实际耗水量要低于农业用水量。

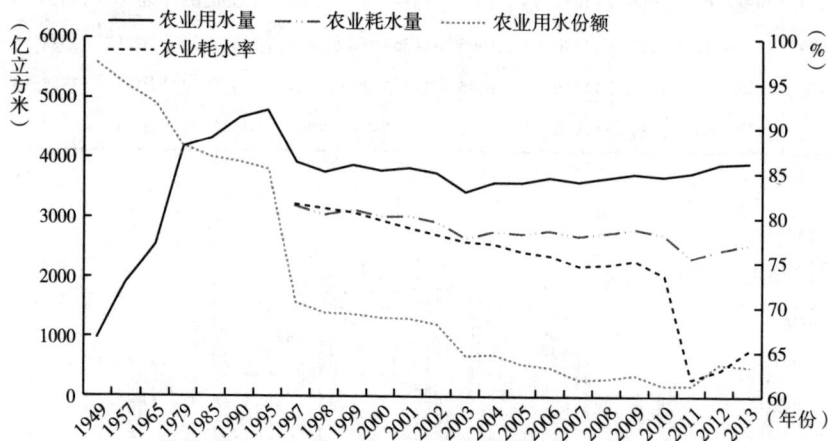

图4-5　中国农业用水量和用水份额的变化

表4-5　中国农业用水量和农业用水份额的变化

年份	农业用水量（亿立方米）	农业耗水量（亿立方米）	农业用水份额（%）	农业耗水率（%）
1949	1001		97.1	
1957	1938		94.6	
1965	2545		92.7	
1979	4195		88.0	
1985	4323		86.7	
1990	4664		86.2	
1995	4790		85.4	
1997	3920	3191	70.4	81.4
1998	3766	3050	69.3	81.0

续表

年份	农业用水量 （亿立方米）	农业耗水量 （亿立方米）	农业用水份额 （%）	农业耗水率 （%）
1999	3869	3118	69.2	80.6
2000	3784	3012	68.8	79.6
2001	3825	3014	68.7	78.8
2002	3738	2919	68.0	78.1
2003	3431	2652	64.5	77.3
2004	3584	2760	64.6	77.0
2005	3583	2730	63.6	76.2
2006	3662	2772	63.2	75.7
2007	3602	2687	61.9	74.6
2008	3664	2737	62.0	74.7
2009	3722	2795	62.4	75.1
2010	3691	2717	61.3	73.6
2011	3744	2321	61.3	62.0
2012	3899	2456	63.6	63.0
2013	3920	2548	63.4	65.0
2014	3870	2094	63.5	65.0

资料来源：水利部历年出版的《中国水利年鉴》中公布的《水资源公报》。

通过以上分析可以看出，投向农业的劳动力、耕地和水资源等资源性要素都出现了由增到减的过程。农业对自然资源的依赖程度越来越低，是农业增长越来越依靠资本品投入的必然结果，更是越来越依靠技术进步的必然结果。

4. 资本品投入

改革以来，农机装备、农田基础设施、化肥农药等资本品生产要素对我国农业增长的作用不同于耕地、淡水、劳力等资源性生产要素。它们对农业增长的贡献率具有上升的趋势。由于资本投入对农业发展的影响力难以通过其绝对量的变化清晰地勾勒出来，下面选择农业综合机械化率、农田灌溉率、种子商品率和测土配方施肥技术应用率这四个既具有替代劳动力、耕地和化肥的效能且最大值均为100%的指标来反映资本品投入对农业发展的影响力的变化。

（1）综合机械化率

农业综合机械化率是耕作、播种、收获三个生产环节机械化率的加权平均数，即农业综合机械化率 $= 0.4 \times C_1 + 0.3 \times C_2 + 0.3 \times C_3$。其中，$C_1$、$C_2$和$C_3$分别为机耕率、机播率和机收率，它们分别为机耕面积、机播面积和机收面积占总耕作面积（计算机耕率时，耕作总面积需扣除免耕面积）的百分比。从图4-6可以看出：1978年至2014年，中国农业的综合机械化率由18.8%增加到61.0%，增长了2.2倍；其中，1978年至2000年的22年间，农业综合机械化率提高了10.2个百分点，年平均增加0.46个百分点，2000年至2014年的14年间，农业综合机械化率提高了32个百分点，年平均增加2.29个百分点；后14年的年平均增长率是前22年的年平均增长率的近5倍。表明进入21世纪以后，中国农业综合机械化率提高的速度显著加快了。

（2）农田灌溉率

农田灌溉率为有效灌溉面积占耕地总面积的百分比。中国农区的水热同步性不是很好，大部分地方需要采用灌溉解决水热同步问题。几千年来，我国的农户一直重视农田灌溉设施建设，所以改革初期我国农田灌溉率已经达到了31.3%。从图4-6可以看出，改革开放以来，我国的农田灌溉率从1978年的31.3%提高到2014年的47.5%，增加了16.2个百分点，即最近几十年新增灌溉面积超过了几千年累积灌溉面积的一半。其中，1978年至2000年的22年里提高了6.7个百分点，年平均提高0.3个百分点；2000年至2014年的14年里提高了9.5个百分点，年平均提高0.68个百分点。后14年的年平均增长率是前22年的年平均增长率的

2.23 倍。这表明进入 21 世纪以后，中国农田灌溉率提高的速度也加快了。

（3）种子商品率

种子的质量是决定农作物的耐肥性和光合作用率，进而决定农作物产量和品质的关键环节，培育和推广优良品种是提高农作物产量和品质的基本途径。然而，良种的来源和质量在不同的农业发展阶段是不一样的。在"家家种田，户户留种"阶段，良种是农户各自选出来的。良种的质量较低，差异较大。在"四自一辅"（自繁、自选、自留、自用，辅之调剂）阶段，出现了良种专业化生产和地区间的良种调剂。良种的质量有所提高，差异有所缩小，但良种的品质还没有发生突破性的改进。在"四化一供"（生产专业化、加工机械化、质量标准化、布局区域化，以县为单位统一供种）阶段，良种的生产、加工和经营成为农业中的独立产业。良种的品质有了突破性的改进。在包括试验、生产、加工、推广、营销、管理等在内的"种子工程"阶段，良种生产的专业化、规模化、标准化、商业化程度显著提升，良种的品质进一步改进。随着质量的不断提高，购买良种的农户比重越来越高，所以种子商品率显然是反映良种使用状况的适宜指标。从图 4-6 可以看出，1990 年我国种子商品率只有 20% 左右，2000 年为 30%，2013 年为 84%，2014 年为 90%，达到了我国政府编制的"种子工程"规划确定的目标。[①]

（4）测土配方施肥技术应用率

测土配方施肥技术应用率为测土配方施肥技术应用面积占农作物总播种面积的百分比。中国于 2005 年实施测土配方施肥技术。2014 年，测土配方施肥技术推广面积超过 14 亿亩，惠及全国 2/3 以上的农户。测土配方施肥技术的推广，使土壤普查数据得到了充分利用。笔者在农村调

---

① 该规划确定的目标是 2010 年种子商品率达到 90%，接近发达国家的水平。目标的实现滞后了 4 年。

查中发现，负责土壤普查的政府管理部门将每个村的空间位置编号图张贴在相应的村中，建议农户通过短信说出他家各块土地的空间位置编号和拟种植的农作物，他们向农户提供这些土地的施肥方案。农户抽样调查结果表明，应用测土配方施肥技术的地块，小麦、水稻、玉米亩均增产 3.7%、3.8%、5.9%，增收 30 元以上；蔬菜、果树等作物亩均增收 100 元以上。平均每年减少不合理施肥 100 多万吨。

总体上看，我国除农田灌溉率在农业改集体经营为家庭经营的初期（1980 ~ 1989 年）略有下降外，其余三个指标总体上都是持续向上的趋势。中国农业的水热同步性和水土资源匹配性都不是很好，西部的很多农地缺乏灌溉所需的水源，这是该地区农田灌溉率变化相对缓慢的主要原因。中国有些农地分布在地形很复杂的山地上，地块面积太小，不适合使用农业机械，这是全国农业综合机械化率不是特别高的主要原因。化肥的使用通常需要有一定数量的水资源来配合。水资源特别稀缺的农地是不适宜施用化肥的，这是测土配方施肥技术难以应用到所有耕地的主要原因。强调这一点是为了说明，这几个指标达到 100% 是不现实的。

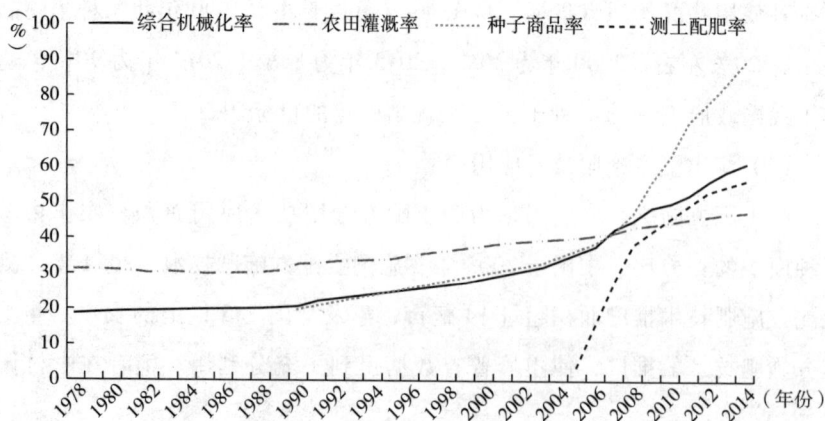

图 4-6　农业资本品投入的变化

（5）化肥

1978 年至 2014 年，中国的化肥施用量由 8840 千吨增加到 2014 年的 59710 千吨，增长了 5.75 倍。从总体来看，我国农地的平均化肥施用量在 1993 年前尚未超过每公顷 225 公斤的限定标准，化肥过量施用始于 1994 年。2014 年的平均化肥施用量为每公顷 442.3 公斤，高出化肥施用量限定值近 1 倍。化肥施用量的快速增长，一方面对中国的农产品增产发挥了积极作用，另一方面对我国的水体和土壤造成了严重的负面影响。目前，减少化肥施用量已经成为国家农业政策的一个重点。

（6）地膜

地膜覆盖可以有效地消除无效蒸腾对旱地土壤墒情的影响，进而保障农业生产稳定性，这是我国旱地农产品产量快速增长的主要原因。1979 年我国耕地的地膜覆盖面积只有 44 公顷。1988 年至 2014 年，全国耕地的地膜覆盖面积由 2040.7 千公顷增加到 27575.7 千公顷（参见表 4-6），增加了 12.5 倍。我国耕地除了有地膜覆盖面积外，还有几千万亩具有灌溉条件的棚膜覆盖面积。鉴于这些土地已统计为灌溉面积，为避免重复计算，地膜覆盖面积仅指采用农膜覆盖技术的旱地，不包括具备灌溉条件的各种大棚。

表 4-6　农业资本品投入的变化

单位：%、千吨、千公顷

年份	综合机械化率	农田灌溉率	种子商品率	测土配肥率	化肥施用量	地膜覆盖面积
1978	18.8	31.3			8840.0	
1979	19.0	31.3			10863.0	
1980	19.3	31.1			12694.0	
1981	19.4	30.7			13349.0	
1982	19.5	30.3			15134.0	
1983	19.6	30.6			16598.0	
1984	19.8	30.3			17398.0	

年份	综合机械化率	农田灌溉率	种子商品率	测土配肥率	化肥施用量	地膜覆盖面积
1985	20.0	30.1			17758.0	
1986	20.1	30.3			19306.0	
1987	20.2	30.4			19993.0	
1988	20.3	30.5			21415.0	2040.7
1989	20.5	30.9			23571.0	2776.9
1990	20.7	32.7	20.0		25903.0	3513.2
1991	22.1	33.0	21.0		28051.0	4249.4
1992	22.8	33.6	22.0		29302.0	4985.7
1993	23.5	33.8	23.0		31519.0	5721.9
1994	24.2	33.9	24.0		33179.0	6244.3
1995	24.9	34.3	25.0		35937.0	6494.0
1996	25.6	35.2	26.0		38279.0	7449.0
1997	26.3	35.8	27.0		39807.0	9150.0
1998	27.0	36.6	28.0		40837.0	10034.0
1999	27.7	37.3	29.0		41243.2	10114.6
2000	29.0	38.0	30.0		41464.1	10602.8
2001	30.0	38.7	31.0		42537.6	10960.7
2002	31.0	39.0	32.0		43393.9	11701.1
2003	32.0	39.5	33.0		44115.6	11966.9
2004	33.5	39.9	35.0		46365.8	13063.2
2005	35.9	40.3	37.0	4.3	47662.2	13538.4
2006	38.0	41.0	39.0	15.8	49276.9	14144.4
2007	42.5	41.7	42.0	27.8	51078.3	14938.4
2008	45.0	43.2	47.0	38.4	52390.2	15308.1

年份	综合机械化率	农田灌溉率	种子商品率	测土配肥率	化肥施用量	地膜覆盖面积
2009	48.8	43.8	56.0	42.0	54044.0	15501.1
2010	50.0	44.6	63.0	45.6	55616.8	15595.6
2011	52.3	45.6	73.0	49.3	57042.4	19790.5
2012	56.0	46.2	78.0	53.0	58388.5	23333.3
2013	59.0	47.0	84.0	54.7	59118.6	25454.5
2014	61.0	47.5	90.0	56.3	59709.8	27575.7

资料来源：国家统计局公布的数据和农业部提供的数据。

5. 农业结构调整

从图4-7可以看出，改革前和改革后的农业结构有显著的不同。改革前中国农业结构处于相对稳定阶段，改革后中国农业结构处于快速调整阶段。

在1952年至1978年的26年里，种植业产值占农业总产值的份额由85.9%下降到80.0%，减少5.9个百分点，平均每年减少0.23个百分点；同期，林业总产值占农业总产值的份额由1.6%上升到3.4%，增加了1.8个百分点，平均每年增加0.07个百分点；同期，牧业总产值占农业总产值的份额由11.2%上升到15.0%，增加了3.8个百分点，平均每年增加0.14个百分点；同期，渔业总产值占农业总产值的份额由1.3%上升到1.6%，增加了0.3个百分点，平均每年增加0.01个百分点。在1978年至2008年的30年里，种植业产值占农业总产值的份额由80.0%下降到50.1%，下降了29.9个百分点，平均每年减少1.00个百分点；同期，林业总产值占农业总产值的份额由3.4%上升到3.8%，增加了0.40个百分点，平均每年增加0.01个百分点；牧业总产值占农业总产值的份额由15.0%上升到36.8%，增加了21.8个百分点，平均每年增加

0.73 个百分点；同期，渔业总产值占农业总产值的份额由 1.6% 上升到 9.3%，增加了 7.7 个百分点，平均每年增加 0.26 个百分点。2008 年至 2013 年，在粮食不断提价的影响下，农业结构调整有所变化。

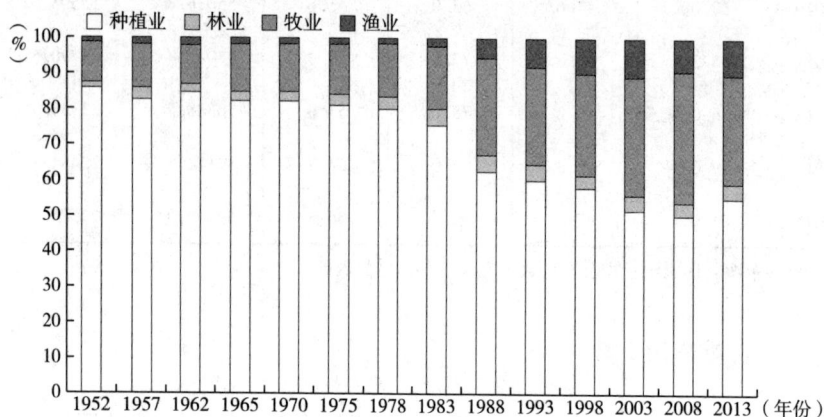

图 4-7　中国农业结构的变化

表 4-7　中国农业结构的变化

单位:%

年　份	种植业	林　业	牧　业	渔　业
1952	85.9	1.6	11.2	1.3
1957	82.7	3.3	12.2	1.9
1962	84.7	2.2	10.9	2.2
1965	82.2	2.7	13.4	1.8
1970	82.1	2.8	13.4	1.7
1975	81.0	3.1	14.2	1.7
1978	80.0	3.4	15.0	1.6
1983	75.4	4.6	17.6	2.3
1988	62.5	4.7	27.3	5.5
1993	60.1	4.5	27.4	8.0
1998	58.0	3.5	28.6	9.9

年　份	种植业	林　业	牧　业	渔　业
2003	51.7	4.3	33.1	10.9
2008	50.1	3.8	36.8	9.3
2013	55.1	4.2	30.4	10.3

资料来源：根据国家统计局网站上公布的数据计算。

三　农业的增长

1. 实物形态的农业生产力

（1）主要农产品

改革初期，我国农产品产量快速增长。1990 年代末进入总量平衡、丰年有余阶段后，主要农产品产量的增速有所减缓，但速度仍然较高。30 多年来，中国农业最主要的进步是农产品产量的稳定性得到显著提高。从图 4 - 8 可以看出，1978~1980 年至 1996~2000 年期间，粮食的年平均产量由 31915 万吨增加到 49631 万吨，年平均增长率为 2.23%。同期，棉花的年平均产量由 236 万吨增长到 431 万吨，年平均增长率为 3.06%；同期，油料的年平均产量由 645 万吨增长到 2448 万吨，年平均增长率为 6.90%；蔬菜的年平均产量由 1991~1995 年的 25727 万吨增加到 1996~2000 年的 37912 万吨，年平均增长率为 8.06%。进入 21 世纪以来，粮食的年平均粮食产量由 1996~2000 年的 49631 万吨增加到 2011~2014 年的 59246 万吨，年平均增长率为 1.27%。同期，棉花的年平均产量由 431 万吨增长到 647 万吨，年平均增长率为 2.94%；油料的年平均产量由 2448 万吨增长到 3444 万吨，年平均增长率为 2.47%；蔬菜的年平均产量由 37912 万吨增加到 71800 万吨，年平均增长率为 4.67%。

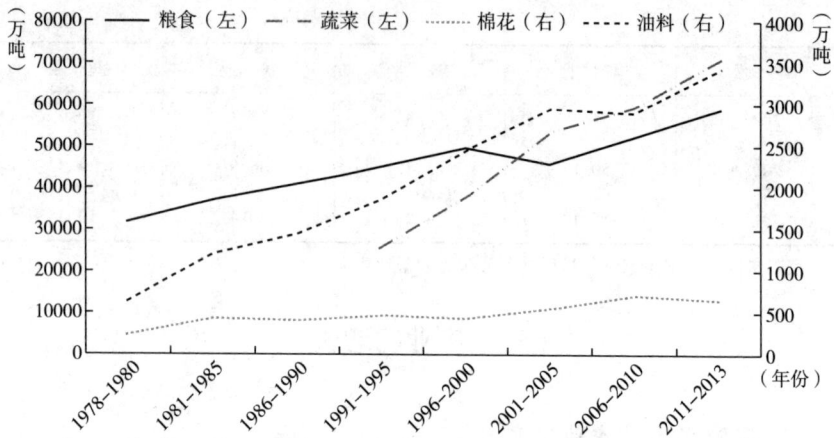

图 4-8　改革以来中国粮食、棉花、油料和蔬菜产量

表 4-8　改革以来中国粮食、棉花、油料和蔬菜产量

单位：万吨

年份	粮食	棉花	油料	蔬菜
1978～1980	31915	236	645	
1981～1985	37064	432	1205	
1986～1990	40847	405	1446	
1991～1995	44923	461	1865	25727
1996～2000	49631	431	2448	37912
2001～2005	45878	543	2943	53366
2006～2010	52113	700	2909	59314
2011～2014	59246	647	3444	71800

资料来源：国家统计局出版的历年《中国统计年鉴》。

（2）主要农产品人均占有量

在粮食产量稳速增长和人口增长不断减缓的共同作用下，2012 年，中国人均粮食产量 435.4 公斤，分别比 1978 年和 2000 年高出 116.4 公斤和 69.3 公斤。同期，猪牛羊肉分别高出 45.5 公斤和 17.0 公斤；水产品分别高出 38.7 公斤和 14.2 公斤；牛奶分别高出 27.7 公斤和 21.1 公斤；油料分别高出 20.2 公斤和 2.3 公斤；棉花分别高出 2.8 公斤和 1.6 公斤。除个别农产品外，中国农产品的人均占有量已经达到了世界平均水平，人均食物占有量已经达到了东亚地区各经济体的平均水平。

（3）主要农产品的生产集中度

改革前我国农产品的自给率很高，在自我满足各种农产品需求的制约下，各地区的农业生产有较强的相似性。改革以来，这种局面发生了变化。随着农产品商品率的不断提高，我国农产品生产的集中度不断提高。例如，13 个粮食主产区占全国粮食总产量的份额由 1949~1959 年的69.21% 提高到 2010~2012 年的 77.78%，增加了 8.57 个百分点（这还是前期包括重庆，后期不包括重庆的情况）。全国已经形成了东北的大豆、玉米带；黄淮海地区的花生、小麦带；长江流域的油菜带；黄河流域和西北内陆的棉花产业带。13 个生猪主产省的猪肉产量占全国总产量的 75% 以上。7 个牛奶主产省的牛奶产量占全国总产量的 60% 以上。

2. 价值形态的农业生产力

农业生产力可以用土地生产力和劳动生产率来表达。其中，土地生产力为单位耕地上的种植业产值，劳动生产率为单个劳动力创造的农林牧渔产值。我国的统计部门通常使用 1952 年不变价格进行年度间的比较。鉴于 1952 年距今已有 60 多年，为了让读者感受到的数据更加贴近现实，本书使用 1978 年不变价格对改革以来的农业生产力进行年度间的比较。

（1）土地生产力

从图 4-9 可以看出，改革以来的 36 年里，中国的耕地生产力和农业劳动生产率都具有很强的递增性和稳定性。虽然耕地生产力仍有波动，农业劳动生产率在 1989 年至 1991 年的治理整顿期间略有下降，但总体上看，从未出现改革前那样的大起大落。具体地说，我国平均每公顷耕地的生产力由 1978 年的 779 元提高到 2014 年的 4296 元，增长了 4.5 倍，年平均增长 4.86%。

（2）劳动生产率

农业的人均劳动生产率由 1978 年的 1017 元提高到 2014 年的 9483 元，增长了 8.3 倍，年平均增长 6.40%。农产品的需求弹性极小，中国农业能够持续 36 年保持 5% ~6% 的年增长率，是难能可贵的。

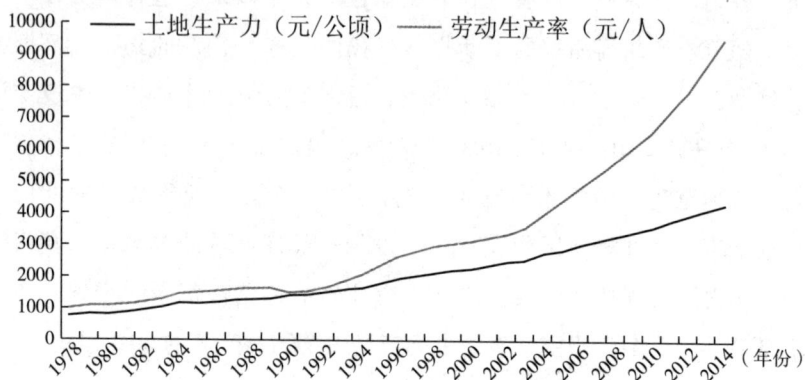

图 4 - 9　改革以来中国农业的土地生产力和劳动生产率

表 4 - 9　改革以来中国农业的土地生产力和劳动生产率

单位：元/公顷，元/人

年份	土地生产力	劳动生产率	年份	土地生产力	劳动生产率	年份	土地生产力	劳动生产率
1978	779	1017	1991	1452	1558	2004	2746	3962
1979	828	1082	1992	1517	1671	2005	2860	4362
1980	823	1079	1993	1599	1854	2006	3026	4814
1981	876	1124	1994	1654	2071	2007	3155	5197
1982	968	1206	1995	1789	2368	2008	3307	5643
1983	1046	1288	1996	1934	2644	2009	3435	6113
1984	1162	1459	1997	2024	2820	2010	3577	6603
1985	1162	1496	1998	2126	2959	2011	3780	7244
1986	1196	1541	1999	2224	3045	2012	3948	7842
1987	1274	1609	2000	2265	3131	2013	4124	8696
1988	1293	1642	2001	2371	3232	2014	4296	9483
1989	1327	1643	2002	2480	3369			
1990	1436	1510	2003	2526	3546			

3. 技术形态的农业生产率

（1）农业全要素生产率的贡献越来越大

研究（Li Zhou，Zhang Haipeng，2013）表明，1985～2010年，中国农业的全要素生产率每年提高约1个百分点（参见表4-10）。农业部发布的信息表明，2012年技术进步对农业增长的贡献率为54.5%。

表4-10 中国农业 TFP 增长率及其分解（1985～2010年）

年份	技术效率	技术进步	TFP	年份	技术效率	技术进步	TFP
1986/1985	0.964	1.086	1.048	2001/2000	0.986	1.027	1.012
1987/1986	0.997	1.000	0.996	2002/2001	1.006	0.990	0.996
1988/1987	0.978	1.077	1.053	2003/2002	0.976	1.092	1.066
1989/1988	1.008	1.039	1.047	2004/2003	0.997	1.125	1.122
1990/1989	1.007	1.025	1.033	2005/2004	0.970	1.055	1.023
1991/1990	0.972	1.014	0.986	2006/2005	1.208	1.050	1.269
1992/1991	0.939	1.052	0.987	2007/2006	0.808	1.074	0.868
1993/1992	0.988	1.165	1.150	2008/2007	0.997	1.103	1.100
1994/1993	0.979	1.120	1.097	2009/2008	1.021	1.030	1.052
1995/1994	1.047	1.096	1.147	2010/2009	0.992	1.028	1.020
1996/1995	0.989	1.061	1.049	1989/1985	0.983	1.058	1.036
1997/1996	0.954	1.030	0.982	1995/1990	0.988	1.077	1.064
1998/1997	0.992	0.952	0.944	2003/1996	0.987	1.015	1.001
1999/1998	1.025	0.970	0.994	2004/2010	0.993	1.066	1.059
2000/1999	0.966	1.008	0.973	2010/1985	0.988	1.051	1.038

注：全国指数通过各省份指数的几何平均得到。

（2）农业全要素生产率的提高来自技术进步

1985～2010年，中国农业全要素生产率的年均增长率为3.8%；其中，农业技术进步的年均增长率为5.1%；农业技术效率的年均增长率

为 - 1.2%。技术进步推动了中国农业全要素生产率的增长，而技术效率的下降抵消了农业技术水平提高的部分效果。

无论把研究时期划分为 4 个子时期（1985 ~ 1989 年、1990 ~ 1995 年、1996 ~ 2003 年、2004 ~ 2010 年），还是划分为粮食主产区和非粮食主产区或东部、中部和西部，结果都是如此。由此表明，中国这个阶段的农业全要素生产率增长属于技术诱导型增长。

（3）技术效率的改进空间大于规模效率的改进空间

从表 4 - 11 可以看出，中国粮食生产的技术效率为 0.795，还有较大的改进空间，规模效率为 0.957，改进空间不是很大。许庆等人的研究表明，小麦、水稻和玉米三种粮食作物几乎不存在显著的规模效益。扩大土地经营规模对降低生产成本有显著影响，经营规模每增加一亩可降低成本 2% ~ 10%，即农业经营规模的扩大对农民增收有显著的作用（许庆等，2011）。

表 4 - 11　中国粮食生产经济效率

地区	技术效率	规模效率	地区	技术效率	规模效率	地区	技术效率	规模效率
北　京	0.766	0.999	安　徽	0.786	0.878	四　川	0.861	0.810
天　津	0.745	0.980	福　建	0.795	0.940	贵　州	0.708	0.940
河　北	0.748	0.907	江　西	0.834	0.995	云　南	0.574	0.998
山　西	0.570	0.984	山　东	1.00	0.905	西　藏	1.00	1.00
内蒙古	0.719	0.951	河　南	1.00	0.831	陕　西	0.524	0.985
辽　宁	0.868	0.993	湖　北	0.864	0.954	甘　肃	0.536	0.974
吉　林	1.00	1.00	湖　南	0.908	0.971	青　海	0.623	0.960
黑龙江	1.00	1.00	广　东	0.796	0.951	宁　夏	0.625	0.997
上　海	1.00	1.00	广　西	0.698	0.966	新　疆	0.954	0.957
江　苏	0.989	0.938	海　南	0.648	0.961			
浙　江	0.917	0.969	重　庆	0.596	0.980	全　国	0.795	0.957

资料来源：杨天荣等：《基于我国粮食区域专业化生产的效率分析》，《西南农业大学学报（社会科学版）》2009 年第 6 期。

四 农业其他部门的发展

改革以来，林牧渔业有两个显著的变化：一是林牧渔业的增长比种植业更快（参见图4-7和表4-7）；二是林牧渔业所经历的由生产优先向生态优先的转型比种植业显著。林牧渔业增长更快，主要是市场需求拉动的；此外，用农林牧渔全面发展的政策替代以粮为纲的方针，也产生了积极作用。林牧渔业由生产优先向生态优先转型，则是经济发展和全民环保意识增强的结果。生态保护、生态平衡的思潮在改革初期就出现了，但在最初的20年里，它们对国家政策和国民意识的影响力是较为有限的。1998年长江流域发生特大洪水灾害，是诱发林牧渔业转型的转折点。为了扭转森林、草原退化和湿地萎缩的局面，国家陆续推出了天然林保护、退耕还林、退牧还草、退田还湖等一系列重点生态工程。这些重点生态工程的实施，有力地促进了森林、草地和湿地三大生态系统的保护和建设，经过10多年的努力，这三大生态系统逆向演替的局面已初步得到扭转。必须指出，曾经确立的目标是初级目标，为了提高林牧渔业的可持续发展水平，今后还要不断提高发展目标，不断地将生态优先的林牧渔业推向新的发展水平。

1. 森林保护与建设

中国的森林覆盖率从1973~1976年的12.7%提高到2009~2013年的21.63%，提高了8.93个百分点。同期，森林面积由12186万公顷增加到20800万公顷，增长了70.7%；活立木总蓄积和森林蓄积分别从95.32亿立方米和88.56亿立方米提高到164.33亿立方米和151.37亿立方米，分别增长了72.4%和70.9%。活立木蓄积量的增长率与森林面积的增长率几乎一致，说明中国的森林并非像一些人想象的那样，只有森林面积的增长而没有森林蓄积的增长。

表 4 –12　中国森林面积、蓄积的变化

项目	第一次 1973～1976 年	第二次 1977～1983 年	第三次 1984～1988 年	第四次 1989～1993 年	第五次 1994～1998 年	第六次 1999～2003 年	第七次 2004～2008 年	第八次 2009～2013 年
森林覆盖率（%）	12.7	12	12.98	13.92	16.55	18.21	20.36	21.63
活立木总蓄积（亿立方米）	95.32	102.61	105.72	117.85	124.88	136.18	149.13	164.33
森林面积（万公顷）	12186	11528	12465	13370	15894	17500	19545	20800
森林蓄积（亿立方米）	88.56	90.28	91.41	101.37	112.67	124.56	137.21	151.37
天然林面积（万公顷）						11576	11969	12200
天然林蓄积（亿立方米）						105.93	114.02	122.96
人工林面积（万公顷）					4667	5326	6169	6900
人工林蓄积（亿立方米）					10.1	15.05	19.61	24.83

资料来源：国家林业局，历次森林资源清查公报。

　　为了消除森林采伐对生态环境的负面影响，中国于 20 世纪末实施了天然林保护工程、退耕还林还草工程、防护林体系建设工程、环北京地区风沙源治理工程、野生动植物保护及自然保护区建设工程和速生丰产用材林工程。林业六大工程的实施，平均每年增加固碳量 33822 万吨，其中新增森林的年增固碳量 17500 万吨，占年增固碳总量的一半以上，为减缓气候变化的负面影响做出了重要贡献。

表 4 –13　中国六大森林生态工程的固碳量贡献

林业工程	总项目		其中新增森林	
	实施面积（万平方公里）	年增固碳量（百万吨）	实施面积（万平方公里）	年增固碳量（百万吨）
退耕还林还草工程	31.98	73.46	27.30	71.08
环北京地区风沙源治理工程	4.94	11.13	3.17	7.13
天然林保护工程	38.88	94.99	8.39	18.99
防护林体系建设工程	34.4	95.46	14.27	37.60
速生丰产用材林工程	13.33	40.20	13.33	40.20
野生动植物保护及自然保护区建设工程	9.74	22.98	0	0
合　计	133.27	338.22	66.46	175.00

资料来源：国家林业局。

2. 草地保护与建设

改革以来，我国牧区最先确立的是追求畜产品产量的"草畜双承包"战略，鉴于出现的问题，转为"增草增畜，提质提效"战略，而后又转为"退牧还草、围封转移"战略，初步完成了从以经济为主到生态经济并重再到生态优先的转变。

从 2005 年开始，中国政府的草地主管部门开始了每年一次的全国草原监测工作，并公布监测报告。全国草原监测报告中的数据（见表 4 - 14）表明，从 2005 年到 2015 年，中国天然草原鲜草总产量由 93784 万吨增加到 102806 万吨，增长了 9.6%；牲畜超载率则由 2006 年的 34.0% 减少到 2015 年的 13.5%，下降了 20.5 个百分点。由于发展圈养，购买农区的饲草、饲料和将部分超载牲畜卖到农区、由农区育肥，实际超载率的下降还会更多一些。通过这些监测数据可以看出，中国的草地生态系统有趋于改善的迹象。据分析，牧业税的取消，使地方政府失去了发展草地畜牧业的激励，而替代生计的增多，使愿意在自然草地放牧的牧民不断减少。随着草地畜牧业的逐步萎缩，牧业生产对草原的冲击会趋于下降。

表 4 - 14　草地生态系统的初级生产力的变化

年份	天然草原鲜草总产量（万吨）	折合干草（万吨）	载畜量（万羊单位）	牲畜超载率（%）
2005	93784	29421	23031	-
2006	94313	29587	23161	34.0
2007	95214	29865	23369	33.0
2008	94716	29627	23178	32.0
2009	93841	29364	23099	31.0
2010	97632	30550	24013	30.0
2011	100248	31322	24620	28.0
2012	104962	32388	25457	23.0

续表

年份	天然草原鲜草总产量（万吨）	折合干草（万吨）	载畜量（万羊单位）	牲畜超载率（%）
2013	105581	32543	25579	16.8
2014	102220	31502	24761	15.2
2015	102806	31734	24944	13.5

资料来源：2005～2015 中国草原监测报告。

从表 4-15 可以看出，2013 年与 20 世纪 70 年代相比，中国草地的质量还有一定的差距。其中，质量最好的一、二级草地所占份额低了 3 个百分点，三、四级草地所占份额低了 2 个百分点；五、六级草地所占份额多了 1 个百分点，七级草地所占份额持平，质量最差的八级草地所占份额高了 4 个百分点。但是 2013 年同 2009 年相比，可以看出草地质量下降趋势已经得到遏制。

表 4-15　中国草地等级的变化

单位:%

年份	一、二级	三、四级	五、六级	七级	八级
70 年代	9	18	33	18	22
2009	7	12	19	22	40
2010	8	13	26	20	33
2011	7	15	29	19	30
2012	7	18	31	17	27
2013	6	16	34	18	26

资料来源：2009～2013 年全国草原监测报告和 70 年代的草原调查资料。

3. 湿地保护与建设

20 世纪 50～70 年代，大量湖泊与湿地被围垦成农田。20 世纪 80 年代中期基本实现粮食自给后，国家开始实施"退田还湖"政策。该工程的实施，实现了千百年来从围湖造田、与湖争地到大规模退田还湖的历史性转变。

2009～2013 年完成的第二次全国湿地资源调查结果表明，全国湿地总面积 5360.26 万公顷。与第一次调查同口径比较，湿地面积减少 339.63 万公顷。两次调查期间，受保护湿地面积增加了 525.94 万公顷，湿地保护率由 30.49% 提高到现在的 43.51%。我国的湿地维持着约 2.7 万亿吨淡水，保存了全国 96% 的可利用淡水资源。湿地净化水质功能十分显著，每公顷湿地每年可去除 1000 多公斤氮和 130 多公斤磷。

主要参考文献

封志明、刘宝勤、杨艳昭：《中国耕地资源数量变化的趋势分析与数据重建：1949～2003》，《自然资源学报》2005 年第 1 期。

Li Zhou, Zhang Haipeng, "Productivity Growth in China's Agriculture During 1985 – 2010", *Journal of Integrative Agriculture*, 12 (2013): 10.

许庆、尹荣梁、章辉：《规模经济、规模报酬与农业适度规模经营——基于我国粮食生产的实证研究》，《经济研究》2011 年第 3 期。

杨天荣、陆迁：《基于我国粮食区域专业化生产的效率分析》，《西南农业大学学报（社会科学版）》2009 年第 6 期。

第五章

中国农业与农业政策转型

1949 年以来，尤其是改革开放以来，中国农业和农业政策的转型，极大地提高了农业生产力，使中国能够用世界上百分之九的耕地满足全球五分之一的人口的食物需求。本章将系统地介绍中国农业和农业政策转型，并简略地评价中国农业与农业政策转型的经验教训。

一 农业经营制度转型

1. 从集体经营向家庭经营转型

在人民公社时期，农业的集体经营不时地受到农民的质疑。特别是在农业出现大幅度减产的时候，受影响的农民往往把恢复家庭经营作为渡过难关的举措，并会得到一些领导人的默许。然而，受意识形态的影响，农业形势一旦略有好转，政府就会着手纠正这种偏离公有制的做法。1970 年代末，实际上是农民又一次采用家庭经营的做法。所不同的是，中共中央对这种做法采取了不赞成但容忍它作为例外予以存在的态度，接着又推出了逐步认同这种做法的政策。于是，农业家庭经营很快就在中国农村推广开了。具体的政策变化可概述如下。

1979 年 9 月，中共中央通过的《关于加快农业发展的若干问题的决定》明确指出，"除某些副业生产的特殊需要和边远地区、交通不便的单家独户外""不要包产到户"。这是在中共中央文件中第一次正式宣布包产到户可以作为一种例外得以存在的政策条文，其作用是不可低估的。1980 年 9 月印发的题为《关于进一步加快和完善农业生产责任制的几个问题》的中共中央 75 号文件进一步指出，"在那些边远山区和贫困落后的地区""要求包产到户的，应该支持群众的要求，可以包产到户，也可以包干到户"。根据该文件的精神，全国实行包产或包干到户的生产队占生产队总数的份额，很快就由1980年年初的1.1%增加到年底的约20%。至此，全国最穷的生产队全部实行了包产到户或包干到户。1981年和1982年中共中央下发的放松和取消对农业家庭经营限制的文件，分别使30%中等偏下的生产队和30%中等偏上的生产队实行了包产或包干到户。1983年的中共中央"一号文件"更是明确指出，联产承包责任制是社会主义集体所有制经济中"分散经营和统一经营相结合的经营方式""在这种经营方式下，分户承包的家庭经营只不过是合作经济中一个经营层次，是一种新型的家庭经济。它和过去小私有的个体经济有着本质的区别，不应混同"。家庭联产承包责任制"既可适应当前手工劳动为主的状况和农业生产的特点，又能适应农业现代化进程中生产力发展的需要"，进而将15%较好的生产队纳入了包产或包干到户的轨迹。1984年的中共中央"一号文件"提出巩固和完善包产或包干到户的办法和措施后，4%最好的生产队也实现了家庭经营。由此可见，包产或包干到户是农民自下而上的选择，但它在全国迅速推广，则是在不断取得成功经验的基础上，自上而下地逐步扬弃传统的人民公社体制的结果。

　　数据显示，从1978年到1984年，中国农业产出平均每年增长7.7%。按照生产函数估算，其中46.89%（林毅夫的估计为42.2%）来自家庭联产承包制改革带来的生产率提高。同期，粮食产量由3.04亿吨增加到4.07亿吨；农民人均纯收入从133.6元增加到355.3元；农村贫困人口的绝对数量从2.5亿人下降到1.3亿人，贫困发生率从30.7%下降到15.1%。[①]

---

① 中国贫困的定义是：营养学家根据最基本的营养需求拟定食物清单，根据这个清单上的各种食物和物价计算出购买这些食品所需的支出。这个支出除以恩格尔系数（0.65），就是维持温饱所需的收入。低于这个收入的人口为贫困人口。

2. 从超小规模经营向适度规模经营转型

改革初期，农业生产的主要目标是增加粮食和其他农产品产量，解决农民温饱和城市居民农产品短缺问题。在绝大多数劳动力从事农业生产的欠发达阶段，农业实行家庭经营有利于调动农民的生产积极性，所以家庭联产承包责任制的普遍实施，有效地解决了农产品供给不足的问题。然而，农业超小规模经营能有效解决农户温饱问题，却难以演变为具有国际竞争力的现代农业。随着城乡非农产业的快速发展，越来越多的农业劳动力转移到比较利益更高的非农产业部门，农业超小规模经营的局限性逐渐暴露出来了。经济开放程度的提高，则使这种局限性暴露得更加充分。为了解决农地平均经营规模小、农民改变现状意愿弱、农业产业化水平低和农产品竞争力低等一系列问题，我国农业开始由超小规模经营向适度规模经营转型。农业发展的任务是在坚持家庭经营的前提下，加快农地经营权流转，培育新型农业经营主体，构建具有竞争优势的农业组织体系和产业体系，促进传统农业向现代农业转换，有效提高中国农业的国际竞争力。这个转型在上世纪进展缓慢，进入新世纪后进展逐渐加快，但还远远没有完成。

3. 从强制性管理向诱导性管理转型

改革前强调的是对农民活动的管制。无论是农民不能离开农村的户籍管制制度，还是农民必须务农的就业管制制度，都是对农民活动进行管制。现在强调的是对农民活动的诱导。具体地说，通过发放生态补偿资金诱导农民退耕还林、退牧还草、退湖还田；通过村民自治制度，将民主选举和民主决策落到实处；通过村务公开、村财公开制度，将民主监督落到实处；通过村民主导的一事一议制度对村干部主导的义务工和积累工制度的替代，将民主管理落到实处。

改革前农村基层政府的主要职责是管制，通过征税、征粮和计划生育等活动，将政府的目标落到实处。现在农村基层政府的主要职责是服务。通过免费义务教育制度和培训制度，使农民及其子女学有所教；通过农村合作医疗制度，使农民病有所医；通过最低生活保障制度，使农民难有所帮；通过农民养老制度，使农民老有所养。

二 农业结构转型

1. 耕地由雨养农业向灌溉农业转型

在中国农业实践中，农闲时的一项重要工作就是为农田创造灌溉条件。但到 1949 年，中国的农田有效灌溉面积仅为 1592.9 万公顷，占耕地总面积的 13.5%。这 13.5 个百分点是中国农民数千年努力的结果。2013 年中国的农田有效灌溉面积为 6347.3 万公顷，占耕地面积的 47%，即农田灌溉面积在短短 60 多年的时间里增加了 33.5 个百分点。由于灌溉农田的生产力显著高于旱地生产力，所以按农业增加值计算，中国现在已经是灌溉主导型农业了。从发展趋势看，农田有效灌溉面积占耕地总面积的比例还会随着灌溉面积的增加而提高，中国的灌溉型农业特征会变得越来越明显。

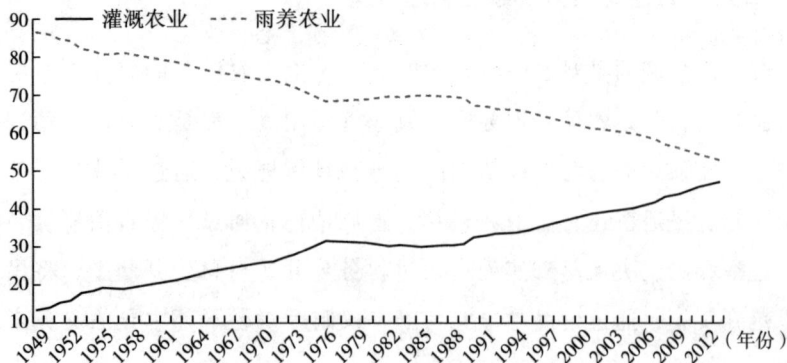

图 5-2　中国灌溉农业与雨养农业的结构变化

表5－2 中国有效灌溉面积的变化

单位：千公顷

年份	面积	年份	面积	年份	面积	年份	面积	年份	面积
1949	15929	1962	28697	1975	43284	1988	44376	2001	54249
1950	16707	1963	29810	1976	44981	1989	44917	2002	54355
1951	18541	1964	30923	1977	44999	1990	47403	2003	54014
1952	19335	1965	32036	1978	44965	1991	47822	2004	54478
1953	22251	1966	32829	1979	45003	1992	48590	2005	55029
1954	23223	1967	33622	1980	44888	1993	48728	2006	55751
1955	24690	1968	34414	1981	44574	1994	48759	2007	56518
1956	24848	1969	35207	1982	44177	1995	49281	2008	58472
1957	25005	1970	36000	1983	44644	1996	50381	2009	59261
1958	25743	1971	36441	1984	44453	1997	51239	2010	60348
1959	26482	1972	38005	1985	44036	1998	52296	2011	61682
1960	27220	1973	39223	1986	44226	1999	53158	2012	62491
1961	27958	1974	41269	1987	44403	2000	53820	2013	63473

2. 农业由种植为主向养殖为主转型

中国很早就完成了由迁移农业到定居农业的转型。迁移农业采用的是轮耕和游牧的方式，定居农业采用的是农牧结合的持续耕作方式。所谓农牧结合就是将种植业的废料作为养殖业的饲料，将养殖业的废料作为种植业的肥料。从图5－3可以看出，1952年种植业产值占中国农业总产值的85.9%，养殖业产值仅占农业总产值的12.5%；2012年种植业的份额减至52.5%，而养殖业的份额升至40.1%。变化最大的2008年，种植业和养殖业所占份额分别为48.4%和44.5%。从发展趋势看，养殖业所占份额很快就会超过种植业，中国农业也会由此成为养殖业主导型农业。

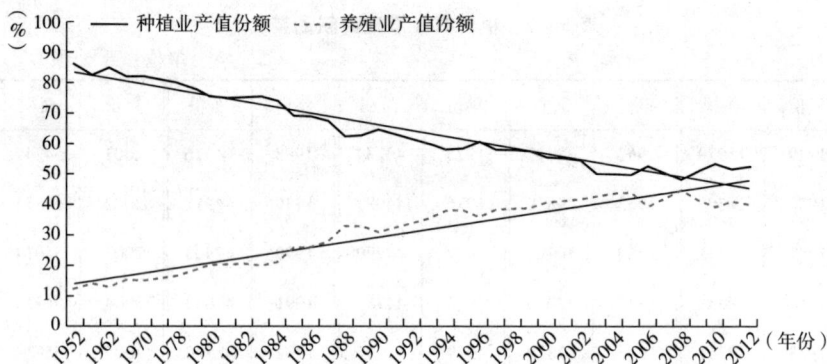

图 5－3　中国种植业和养殖业占农业总产值份额的变化

3. 畜禽业由分散养殖向集中养殖转型

进入 21 世纪后，一个极为显著的农业转型是规模化的畜禽饲养方式快速替代各家各户饲养畜禽的生产方式。鉴于中国的猪肉消费量占肉类消费总量的 64%，下面以生猪生产为例分析规模化养殖的进展。直至 20 世纪末，中国 90% 以上的生猪仍由农户散养。近几年，中国生猪规模化养殖快速发展，出现了一批年生猪出栏量达到或超过 10 万头的农业公司，广东温氏食品集团有限公司的年出栏量已超过 100 万头。2007 年年出栏 500 头以上的规模化生猪养殖场出栏生猪占全国出栏生猪总数的 22%，2014 年为 46%，翻了一番多；2015 年达到 50%。奶牛养殖也是如此。截至 2014 年，我国存栏量 100 头以上的规模化奶牛场的比例已经超过 41%。

4. 水产业由捕捞为主向养殖为主转型

1978 年，水产品总产量 465.34 万吨，其中来自海水捕捞的水产品占水产品总产量的 67.59%，来自海水养殖、淡水捕捞和淡水养殖的水产品分别占水产品总产量的 9.66%、6.37% 和 16.38%。2012 年，水产品总产量 5907.67 万吨，其中来自淡水养殖的水产品占水产品总产量的 44.76%，来自海水捕捞、海水养殖和淡水捕捞的水产品分别占水产品总

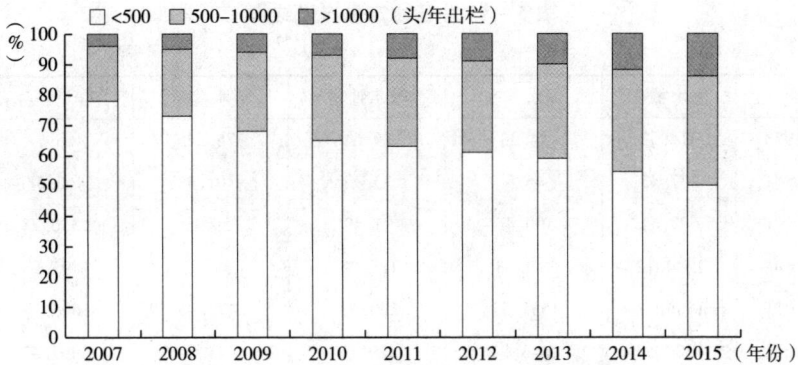

图 5 - 4　2007 年以来中国生猪养殖结构的变化

产量的 23.52%、27.83% 和 3.88%。

从图 5 - 5 和表 5 - 3 中可以看出，增长得最快的是海水养殖，由 1978 年的 44.95 万吨增加到 2012 年的 1643.81 万吨，年均增长 11.16%；其次是淡水养殖，由 1978 年的 76.23 万吨增加到 2012 年的 2644.54 万吨，年均增长 10.99%；再次是淡水捕捞，由 1978 年的 29.64 万吨增加到 2012 年的 229.79 万吨，年均增长 6.21%；最后是海水捕捞，由 1978 年的 314.52 万吨增加到 2012 年的 1389.53 万吨，年均增长 4.47%。

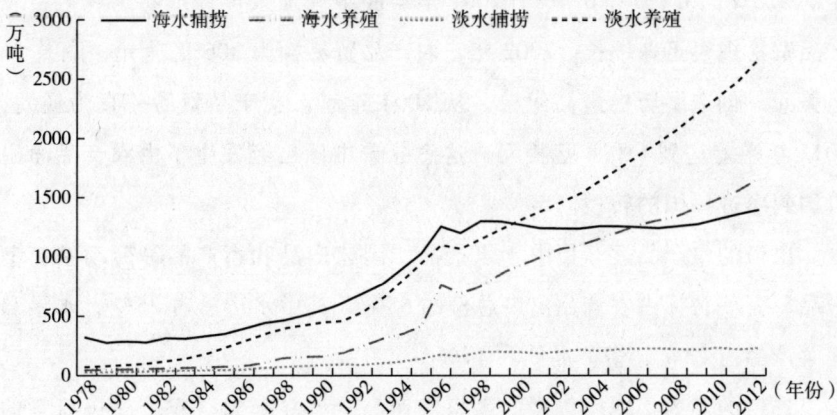

图 5 - 5　中国水产品生产结构的变化

表 5 - 3   中国水产品产量结构

单位：万吨

年　份	海水捕捞	海水养殖	淡水捕捞	淡水养殖	合　计
1978	314.52	44.95	29.64	76.23	465.34
1981	277.43	45.8	35.95	101.4	460.58
1991	609.64	190.46	91.49	459.19	1350.78
2001	1244.12	989.38	186.23	1376.2	3795.93
2011	1356.72	1551.33	223.23	2471.93	5603.21
2012	1389.53	1643.81	229.79	2644.54	5907.67

资料来源：农业部数据。

5. 农产品贸易由净出口向净进口转型

在 1953 年至 1978 年期间，中国农产品出口额占中国对外出口总额的 70% 以上，是国际贸易的主导产品和外汇收入的主要来源，为推动我国对外贸易发展做出了积极贡献。

从表 5 - 4 可以看出，1980 年以来，虽然农产品进出口量、出口量、进口量都趋于增加，但它们占全国进出口总量、出口总量、进口总量的份额都趋于下降，分别由 1980 年的 27.8%、34.4% 和 21.7% 降至 2014 年的 4.5%、3.1% 和 6.3%。2001 年年底中国加入世界贸易组织后，农产品贸易规模迅速增长。2002 年，农产品贸易额为 306 亿美元，顺差 56 亿美元，创造了历史最高纪录。从 2004 年起，农产品贸易一直为逆差，2013 年逆差达到 510.4 亿美元。这意味着中国已经发生了由农产品净出口国到净进口国的转型。

出口的农产品逐渐集中于水产品、园艺产品和畜产品等劳动密集型产品，三项合计占农产品出口总额的 65%，其中水产品占 25%，水果和蔬菜产品占 23%，畜产品约占 17%。

进口的多为土地密集型的大宗农产品。大豆等大宗农产品进口量的增加有很多好处，一是有利于发挥中国农业比较优势和促进农民增收，二是有利于减轻耕地和淡水资源压力，三是有利于抑制贸易顺差增长、促进国际收支平衡。进口农产品的实质是进口别国当年耕地、淡水资源的使用权。据测算，2010 年中国净进口的农产品若在国内生产，需要8.7 亿亩农地，相当于中国实际播种面积的 36%。

表 5－4　中国农产品国际贸易的基本情况

年份	农产品贸易（亿美元）				占全国贸易总量份额（%）		
	总额	出口额	进口额	净出口额	进出口	出口	进口
1980	105.9	62.4	43.5	18.9	27.8	34.4	21.7
1990	184.2	106.5	77.7	28.8	16.0	17.2	14.6
1997	248.9	149.3	99.6	49.7	7.7	8.2	7.0
1998	221.4	138.1	83.3	54.8	6.8	7.5	5.9
1999	216.3	134.7	81.6	53.1	6.0	6.9	4.9
2000	218.6	126.6	92	34.6	4.6	5.1	4.1
2001	279	160.7	113.8	46.9	5.5	6.0	4.7
2002	305.9	180.4	124.4	56	4.9	5.5	4.2
2003	403.6	214.3	189.3	25	4.7	4.9	4.6
2004	514.2	233.9	280.3	－46.4	4.5	3.9	5.0
2005	562.9	275.8	287.1	－11.3	4.0	3.6	4.4
2006	630.2	310.3	319.9	－9.6	3.6	3.2	4.0
2007	781	370.1	410.9	－40.8	3.6	3.0	4.3
2008	991.6	405	586.6	－181.6	3.9	2.8	5.2
2009	921.3	395.9	525.5	－129.6	4.2	3.3	5.2
2010	1219.6	494.1	725.5	－231.4	4.1	3.1	5.2
2011	1556.2	607.5	948.7	－341.2	4.3	3.2	5.4
2012	1757.7	632.9	1124.8	－491.9	4.5	3.1	6.2
2013	1866.9	678.3	1188.7	－510.4	4.5	3.5	5.4
2014	1945.0	719.6	1225.4	－505.8	4.5	3.1	6.3

资料来源：农业部发布的数据。

三 农业政策转型

1. 从集中农业剩余向支持农业发展转型

税费改革前[1]，基层政府和村委会通过农业税、牧业税、农业特产税和"三提""五统"及摊派每年从农民那里收取 1500 亿～1600 亿元，其中税占 1/3 左右。农业税的取消，铲除了"搭车"收费的根基和平台，为消除城乡二元结构、调整国民收入分配结构、转换基层政府和村民自治组织的职能、精简乡镇机构和减少财政供养人员创造了条件。

2004 年以来，中央和省级政府相继出台了粮食直补、良种补贴、大型农机具购置补贴和农业生产资料综合补贴等一系列惠农政策，得到了广大农民的普遍欢迎。[2]从表 5-5 可以看出，除粮食直补自 2007 年以来保持稳定以外[3]，其余各项补贴的投放量越来越大。

表 5-5 中央政府的农业补贴

单位：亿元

年份	合计	农资综合补贴	粮食直补	良种补贴	农机具补贴
2003	130.0	—	—	—	—

---

[1] 中国政府从 2003 年开始全面推行农村（业）税费改革，到 2004 年年底，税费改革主要任务基本结束。

[2] 为了了解农民对粮食直补的评价，2005 年，财政部对 13 个粮食主产省（区）1809 位种粮农民进行了问卷调查。问卷调查汇总结果表明，98.34% 的农民选择"了解直补政策"，1.66% 的农民选择"知道一些"，没有一位农民选择"不知道"。1677 位农民对 2004 年的直补政策选择"满意"，占 93%；85 人对直补政策选择"较满意"，占 5%。1782 位农民认为直补政策"提高"了种粮积极性，占 99%。与原来的保护价收购政策相比，1722 位农民选择"更喜欢粮食直补政策"，占 95%（引自朱志刚《我国粮食安全与财政问题研究》，经济科学出版社，2008）。

[3] 中国原来实行的保护价收购政策属于"黄箱政策"，对种粮农民实行直接补贴，属于"绿箱政策"，更有利于我国粮食产品参与国际市场竞争。同时，也为粮食购销的市场化改革创造了条件。

续表

年份	合计	农资综合补贴	粮食直补	良种补贴	农机具补贴
2004	145.2	—	116	28.5	0.7
2005	173.7	—	132	38.7	3.0
2006	309.5	120.0	142	41.5	6.0
2007	513.6	276.0	151	66.6	20.0
2008	1030.4	716.0	151	123.4	40.0
2009	1274.5	795.0	151	198.5	130.0
2010	1225.9	705.9	151	204.0	165.0
2011	1406.0	860.0	151	220.0	175.0

资料来源：财政部。

2. 从全面扶持向重点扶持转型

最初，对农业扶持采取的是一视同仁的一般性政策。为了促进主要农产品区域格局的形成，在保持一般性政策的基础上又实施了重点扶持政策。例如，2005 年实施了奖励种粮大县的政策（参见表 5 - 6），2007 年实施了奖励生猪调出大县的政策（每年 15 亿元），2008 年实施了奖励产油大县的政策（每年 25 亿元）。在产业政策的引导下，农产品逐步向优势产区集中，农业生产的区域分工越来越明显。目前，种植业的区域化生产格局已基本形成。全国 13 个粮食主产省（区）粮食产量占全国的 70% 以上，提供的商品粮占全国的 80% 以上；全国已经形成了东北的大豆、玉米带；黄淮海地区的花生、小麦带；长江流域的油菜带；黄河流域和西北内陆的棉花产业带。13 个生猪主产省的猪肉产量已占到全国的 75% 以上，7 个牛奶主产省的牛奶产量占全国的 60% 以上。这种变化主要是市场机制发挥作用的结果，农业政策的实施无疑也加速了这个过程。

表 5 - 6 中央直接奖励种粮大县的财政专款

单位：亿元

年 份	2005	2006	2007	2008	2009	2010	2011
金 额	55	85	125	140	175	210	225

资料来源：财政部。

3. 从数量安全向质量安全转型

随着数量上的食品安全问题的解决，中国又实施了实现食品质量安全的政策。在该政策的引导下，质量达标的农产品产量快速增长。截至 2010 年年底，全国共认证无公害农产品 56500 个，认证产品总量 2.76 亿吨（见表 5 - 7）。全国共认定无公害农产品产地 38370 个，其中，种植业产地 26276 个，面积规模 3162 万公顷，占全国耕地总面积的 24%；畜牧业产地 7547 个，养殖规模 34.15 亿头（只、羽）；渔业产地 4547 个，面积 265.11 万公顷。生态产品国内年销售额达到 3000 亿元。

表 5 - 7 中国无公害农产品发展情况

年份	认证无公害农产品（个）	无公害产品总量（百万吨）
2005	21627	104
2006	23636	144
2007	34184	206
2008	41249	220
2009	50765	264
2010	56500	276

资料来源：农业部。

4. 从发展生产到保护生态转型

最近 20 年，中国越来越重视生态保护和建设，分别出台了旨在保护森林、草原和湿地生态系统的政策。

（1）天然林保护政策

为了消除森林采伐对生态环境的负面影响，中国于 1998 年实施了天然林保护工程。天然林资源保护工程包括长江上游、黄河上中游地区天然林资源保护工程和东北、内蒙古等重点国有林区天然林资源保护工程两部分。工程一期分为两个阶段，第一阶段（2000～2005 年）以停止天然林采伐、建设生态公益林、分流和安置下岗职工为主要内容；第二阶段（2006～2010 年）以保护天然林资源、恢复林草植被、促进经济和社会可持续发展为主要内容。工程总投资为 962 亿元。天然林保护工程的实施，有效地保护了 5600 万公顷天然林，营造公益林 1526.7 万公顷，森林蓄积净增 4.6 亿立方米。

2011 年，天然林保护工程进入第二期。总投入资金 2440.2 亿元。主要目标是：到 2020 年，增加公益林 11550 万亩，其中人工造林 3050 万亩，封山育林 7100 万亩，飞播造林 1400 万亩；新增森林面积 7800 万亩、森林蓄积 11 亿立方米、碳汇 4.16 亿吨；工程区水土流失明显减少，生物多样性明显增加，转岗就业问题基本解决，林区社会实现和谐稳定。

（2）退耕还林还草政策

1999 年，四川、陕西、甘肃 3 省率先开展了退耕还林试点，由此揭开了我国退耕还林的序幕。退耕还林还草工程是迄今为止中国投资量最大、涉及面最广、任务量最重、群众参与度最高的生态建设工程。该工程投资 2245 亿元。通过退耕还林和荒山造林、封山育林，共增加林地 3.64 亿亩，项目区森林覆盖率平均提高 2 个百分点以上，产生了一定的水土保持效益。相应的政策措施包括五点。①向退耕户提供粮食补贴。长江流域每公顷每年补助原粮 2250 公斤，黄河流域每公顷每年补助原粮 1500 公斤，每公斤粮食按 1.4 元折算，由中央财政承担。补贴年限为生态林 8 年，经济林 5 年，草地 2 年。生态林和经济林的比例要达到 4:1。②向退耕户提供现金补贴。在补贴年限内，每公顷退耕地每年补助 300 元。③向退耕户无偿提供种苗，经费标准为每公顷 750 元。④农民接受补贴的条件是必须承担在不低于补助面积的宜林荒山荒地上造林种草任务。⑤农户凭政府发放的退耕任务卡和验收证明，领取粮食和现金补助。

2007年退耕还林粮食和生活费补助期满后，国家新增投资2066亿元，继续对退耕农户给予现金补助。长江流域及南方地区每公顷每年补助1575元；黄河流域及北方地区每公顷每年补助1050元；继续发放每公顷每年30元生活补助费，并与管护任务挂钩。生态林补助8年，经济林补助5年，草地补助2年。两个实施期共投资4311亿元。

（3）退牧还草政策

为了尽快治理退化、沙化草原，减轻风沙危害，中国实施了退牧还草，以及围栏、禁牧、休牧、划区轮牧等政策。2003年以来，退牧还草工程总投资143亿元，其中中央补助100亿元，地方配套43亿元。集中治理西部的6670万公顷退化草原，约占西部地区严重退化草原的40%。"十一五"期间，退牧还草面积超过3000万公顷，其中禁牧围栏1679.9万公顷，休牧围栏1560万公顷；退化草原补播改良1040.9万公顷。政策措施是：禁牧每亩每年补助饲料粮5.5公斤（折4.95元），季节性休牧按休牧3个月计算，每亩每年补助饲料粮1.375公斤（折1.2375元），补助期限为5年；草原围栏建设按16.5元/亩计算，中央补助70%，地方和个人承担30%；2004年，将退牧还草粮食补助改补现金，补助标准不变，每公斤饲料粮按折资0.9元计算。

为了加强草原生态保护，转变畜牧业发展方式，促进牧民持续增收，维护国家生态安全，从2011年起，中国政府每年安排资金136亿元财政资金，在内蒙古、新疆、西藏、青海、四川、甘肃、宁夏和云南8个主要草原牧区省（区），全面建立草原生态保护补助奖励机制。具体政策措施如下。

第一，实施禁牧补助。对生存环境非常恶劣、草场严重退化、不宜放牧的草原，实行禁牧封育，中央财政按每公顷90元的标准给予补助。

第二，实施草畜平衡奖励。对禁牧区域以外的可利用草原，在核定合理载畜量的基础上，中央财政按每公顷22.5元的标准对未超载放牧的牧民给予奖励。

第三，落实对牧民的生产性补贴政策。增加牧区畜牧良种补贴，在对肉牛和绵羊进行良种补贴基础上，将牦牛和山羊纳入补贴范围；实施牧草良种补贴，对 8 省（区）600 万公顷人工草场，按每公顷 150 元的标准给予补贴；实施牧民生产资料综合补贴，对 8 省（区）约 200 万户牧民，按每户 500 元的标准给予补贴。

退牧还草工程中草原禁牧休牧 4.4 亿亩。农业部全国草原监测显示，退牧还草工程区植被盖度、高度、产草量与非工程区相比，分别提高了 29%、64% 和 78%。

（4）退田还湖政策

退田还湖与湿地保护是我国水域生态保护与建设的两个重要方面，是我国自然保护与生态恢复工程的重要组成部分，对国家生态安全具有深远影响。

退田还湖是将围垦湖边或湖内淤地改造成的农田恢复为湖面的工程措施。内陆湖泊具有调节江河流量的作用，有利于生态平衡。在中国，各湖泊的围湖造田势头愈来愈大，已经对湖泊的调节能力产生了重大负面影响。1998 年长江特大洪水期间，作为原来对长江洪水具有调节能力的洞庭湖、鄱阳湖和洪湖等湖泊，都因围湖造田而失去调节能力。《中华人民共和国水法》和《中华人民共和国河道管理条例》都规定，不能盲目围垦，应逐步退田还湖。

20 世纪 80 年代中期基本实现粮食自给后，国家开始实施"退田还湖"政策。到 2006 年年底，全国已建立湿地自然保护区 473 处，总面积4346 万公顷；洞庭湖、鄱阳湖、扎龙等 30 处湿地被列入国际重要湿地名录，面积为 346 万公顷。

5. 从经济发展向社会发展转型

最近 20 年，中国政府在政策取向上不仅继续重视经济建设，而且越来越重视社会发展。先后实施了免费义务教育、新型农村合作医疗、基本基础设施供给均等化、农村居民最低生活保障、农村养老保险等制度。

（1）农村免费义务教育的制度

2006年，中国开始实施中央和地方政府分项目、按比例分担农村义务教育经费的政策。具体内容是：全部免除农村义务教育阶段学生学杂费，对贫困家庭学生免费提供教科书并补助寄宿生生活费；提高农村义务教育阶段中小学公用经费保障水平；建立中小学校舍维修改造和农村中小学教师工资保障机制。

2006年，率先在西部地区和中部部分地区实施了这项政策。2007年，该项政策在全国农村实施，同时提高寄宿生生活费基本补助标准和校舍维修改造测算单价标准，并将免费教科书覆盖范围扩大到全国农村义务教育阶段全部学生。2008年，出台了农村中小学生均公用经费基准定额，并重点解决部分省份高寒地区学校取暖费问题。截至2009年年底，这项政策的内容全部实现。2006～2010年，全国财政累计安排农村义务教育经费4588亿元，不考虑教师工资增长因素，累计增加3700多亿元。预算内农村义务教育经费占农村义务教育总投入的比重由1999年的67%提高到2009年的93%，实现了义务教育纳入公共财政保障范围的历史性转变。政府安排的"两免一补"资金，相当于为全国农民减少支出2300多亿元，平均每个小学生家庭年减负250元、初中生家庭年减负390元。地方上的农村义务教育经费实行省级统筹、管理以县为主的政策规定，写入2006年修订的《义务教育法》，标志着中国农村义务教育经费保障步入了法制化管理轨道。

目前，中国小学净入学率达99.5%，初中毛入学率达98.5%，分别比世界平均水平高13个和20个百分点，接近发达国家平均水平。

（2）新型农村合作医疗制度

中国的农村合作医疗于20世纪40年代出现萌芽、50年代进入初创阶段、60～70年代达到第一个高峰，80年代解体，90年代又开始恢复。

2003 年，新型农村合作医疗制度开始迅速推进，至 2008 年基本覆盖农村居民。截至 2010 年年底，全国参加新农合人数为 8.32 亿人，参合率超过 96%。最初人均筹资标准为 30 元，其中，中央政府和地方财政各补助 10 元，农民交纳 10 元。2008 年人均筹资标准由 30 元提高到 100 元，其中，各级政府人均补助 80 元，个人人均缴费 20 元。

截至 2009 年 3 月，各级财政共落实补助资金 1331 亿元，占新农合筹资总额的 71.5%。参合农民次均住院补偿金额从试点初期的 690 元提高到 1180 元，实际住院补偿比例从 25% 提高到 41%，有效减轻了农民就医经济负担。为了有效增加新农合基金规模，实现新农合政策范围内住院费用支付比例达到 70%，最高支付限额从 3 万元提高到 5 万元和门诊就医也可按比例报销的目标，2010 年和 2011 年，各级财政对新农合的补助标准分别提高到 120 元和 200 元。截至 2010 年年底，累计 33 亿人次享受新农合报销补偿待遇。

（3）基础设施供给均等化制度

第一，农民安全饮水。中国解决农村饮水问题的政策目标有两个。第一个政策目标是确保农民饮水数量安全，即常年有水喝，且取水不困难。这个政策目标已经在 2000 年实现。第二个目标是确保农民饮水质量安全。2000 年，全国农村共有 3.79 亿饮水不安全人口，饮水不安全威胁农民身体健康。"十五"时期解决了 0.67 亿农村人口的饮水安全问题，"十一五"时期，解决了 2.13 亿农村人口的饮水安全问题。按照现有的进度，2013 年将全面解决农村饮水安全问题。

第二，农村生产生活用电。第一阶段的政策目标是到 20 世纪末消灭无电县，基本消灭无电乡和无电村，使全国农村户通电率达到 95% 以上。到 2000 年，全国县及县以下总用电量达到 5200 亿千瓦时。鉴于 1997 年就实现了第一阶段的政策目标，1998 年又实施农村电网改造、城乡用电同网同价政策。农村电网结构明显增强，供电可靠性显著提高，农村居民用电价格大幅降低，为农村经济社会发展创造了良好条件。为了进一步缩小城乡公共事业发展差距，"十二五"期间，国家将按照新的建设标准和要求，实施新一轮农村电网改造升级工程。这一轮除了彻底解决遗留的农村电网未改造问题外，还要对已进行过改造，但因电力需求快速增长而出现供电能力不足、供电可靠性较低等问题的农村电网，按照新的建设标准和要求实施升级改造，提高电网供电能力和电能质量，基本建成安全可靠、节能环保、技术先进、管理规范的新型农村电网，全面实现城乡用电同网同价的政策目标，进一步减轻农村用电负担。

第三，农村公路。改革开放以来，中国政府对农村公路建设越来越重视，政策目标经历了数次提升。第一阶段追求的是通路率目标，即农村通可供机动车行驶的道路，这个目标在 20 世纪末基本实现。第二阶段追求通达率目标，乡（镇）和建制村通达标准为通达路线的路面宽度分别大于 3.5 米和 3.0 米，且能保证晴雨通车；这个目标在"十五"期间基本完成。第三阶段追求通畅率目标和通客运目标，通畅标准是在通达标准的基础上达到路面硬化。这个目标在"十一五"期间基本完成。第四阶段将追求城乡公路网一体化目标。截至 2010 年年底，农村公路总里程为 345 万公里。东中部地区 94% 的建制村通了沥青（水泥）路，西部 98% 的建制村通了公路。在通路的基础上，农村客运进一步推进。截至 2009 年年底，全国共有农村客运车辆 34 万辆，农村客运站 14 万多个，农村客运线路近 8 万条，日均发客运班车约 100 万个班次。农村客运班车通达全国 3.5 万个乡镇、55.3 万个建制村，全国乡镇、建制村通班车率分别达到 98% 和 87.8%。县与乡、乡与乡、乡与村之间达到通畅标准的农村公路网络已经基本形成。

在农村基础设施供给上，国家还在通邮、通广播的基础上，实现了通电视、通电话和通互联网。

（4）农村居民最低生活保障制度

1996 年，中国开始在少数省市试点最低生活保障制度，2007 年，该制度被进一步推广到全国农村。具体做法是由政府投入财政资金，对收入低于最低生活标准的农村居民提供补助，以保障其基本生活之所需。低保制度的程序是，村民提出低保申请，由村委会组织村民会议或村民代表会议评议申请人的经济状况，并将合乎要求的申请报送乡镇政府。乡镇民政员负责核查申请人的家庭财产、收入、劳动力状况和实际生活水平，将核查结果报送县民政局审批。为了保证公正透明，村委会、乡镇政府和县民政局通过地方媒体和社区公示栏，公布申请、评议、审核和审批结果。低保户每年认证一次。一方面将新增的极端贫困户纳入保障范围；另一方面调整补助水平，并促使已经脱贫的人口退出救助。为了鼓励处于就业年龄段且具有劳动能力的低保对象自立脱贫，各地还实行了"救助渐退"政策。需要指出的是，低保标准的制定和低保政策的实施高度分散化，各地的低保标准和评议结果都存在差异。

表 5-8 中国农村最低生活保障制度演进情况

项目 \ 年份	2001	2002	2003	2004	2005	2006	2007	2008	2009	2010
保障户数（万户）	117.9	156.7	176.8	235.9	406.1	777.2	1608.5	1982.2	2291.7	2528.7
保障人数（万人）	304.6	407.8	367.1	488.0	825.0	1593.1	3566.3	4305.5	4760.0	5214.0
低保资金（亿元）							109.1	228.7	363.0	445.0
低保标准（元/月）							70.0	82.3	100.8	117.0

资料来源：民政部。

（5）农村居民社会养老保险制度

2006～2010年，国家又开始推动旨在为60岁以上的老年农民提供生活保障的新型农村居民社会养老保险制度。截至2010年，在"新农保"试点地区，已有1.43亿农村居民参保，其中，60岁及以上的参保人，每月可从专项财政资金中领取55元的基础养老补助金。这是农村养老由依赖后代、依赖土地资源养老向依靠经济剩余养老转变的标志，是由家庭养老向社会养老转变的标志，也是中国社会养老保险制度从城镇向广大农村扩展的标志。

从图 5 - 6 可以看出，2003 年以来，随着促进农业和农村发展政策的力度越来越大，中央财政用于"三农"的总支出越来越大。"十一五"期间（2006～2010），中央财政用于"三农"的支出从 3397 亿元增加到 8183 亿元，"三农"支出占财政支出的比重由 14.5% 提高到 17.5%。

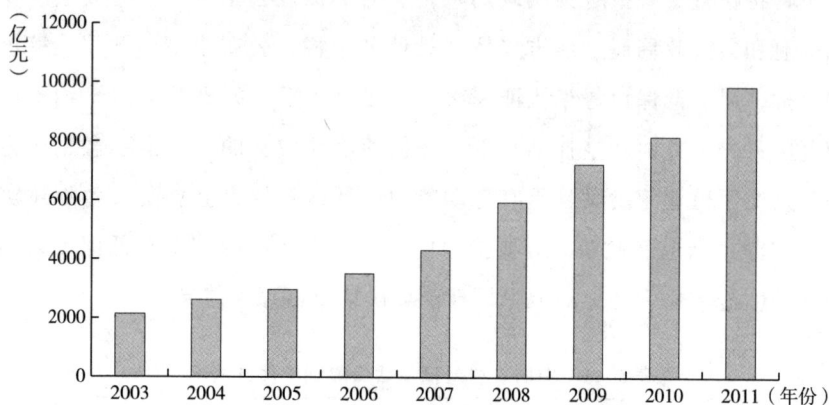

图 5 - 6　中央政府的"三农"总支出

参考文献

朱志刚：《我国粮食安全与财政问题研究》，经济科学出版社，2008。

第六章

中国的粮食生产与粮食安全

一 粮食生产的状况

（一）粮食产量的变化

1. 中国的粮食产量

1949～2014 年，中国粮食产量在波动中增长（参见图 6-1），若以 0.5 亿吨（1000 亿斤）为一个台阶，中国粮食产量在 65 年里跨了 10 个台阶。1949 年中国粮食产量 1.13 亿吨，1952 年粮食产量跨上 1.5 亿吨的台阶，1958 年跨上 2 亿吨台阶，1971 年跨上 2.5 亿吨台阶，1978 年跨上 3 亿吨台阶，1982 年跨上 3.5 亿吨台阶；1989 年跨上 4 亿吨台阶，1995 年跨上 4.5 亿吨台阶，1996 年跨上 5 亿吨台阶，2011 年跨上 5.5 亿吨台阶，2013 年跨上 6 亿吨台阶。

1952 年（1952 年是粮食产量恢复到战前最高水平的年份）至 1982 年的前 30 年，粮食产量由 1.6 亿吨增加到 3.5 亿吨，增长了 1.9 亿吨；1982 年至 2012 年的后 30 年，粮食产量由 3.5 亿吨增加到 5.9 亿吨，增长了 2.4 亿吨，比前 30 年多增产 0.5 亿吨。

中国粮食产量的小波动可以用气候扰动加以解释，而 1959～1961 年连续 3 年减产、2000～2003 年近似于连续 4 年减产和 1950～1958 年连续 9 年增产、2004～2014 年连续 11 年增产，则要用政策干预加以解释。

从保障粮食安全而言，最值得反思的是粮食重上台阶的教训。从 1958 年跨上 2 亿吨台阶到 1966 年再次回到 2 亿吨台阶，用了 8 年时间；从 1999 年维持在 5 亿吨台阶到 2007 年再回到 5 亿吨台阶，也用了 8 年时间。1950 年代粮食连续 9 年增产，由此产生的乐观情绪与随后的粮食连续 3 年减产会有一定的相关性；从 1978 年到 1996 年，粮食产量在 18 年里上了 4 个台阶，特别是 1996 年至 1999 年粮食产量连续 4 年稳定在 5 亿吨的水平上，由此产生的乐观情绪与随后近似于连续 4 年减产（粮食产量由 1999 年的 50839 万吨下滑到 2003 年的 43070 万吨），也有一定的相关性。2004 年至 2014 年，中国粮食产量连续 11 年增产，在这种情形下如何防止粮食生产下滑将成为更重要的问题。

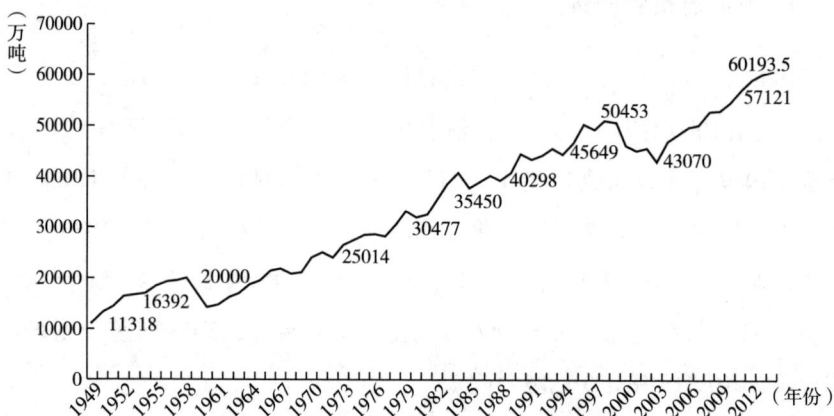

图 6 - 1　1949 ~ 2014 年中国粮食产量的变化

表 6 - 1　1949 ~ 2014 年中国粮食产量

单位：万吨

年份	产量	年份	产量	年份	产量	年份	产量	年份	产量	年份	产量
1949	11318	1956	19275	1963	17000	1970	23996	1977	28273	1984	40731
1950	13213	1957	19505	1964	18750	1971	25014	1978	30477	1985	37911
1951	14369	1958	20000	1965	19453	1972	24048	1979	33212	1986	39151
1952	16392	1959	17000	1966	21400	1973	26494	1980	32056	1987	40298
1953	16683	1960	14350	1967	21782	1974	27527	1981	32502	1988	39408
1954	16952	1961	14750	1968	20906	1975	28452	1982	35450	1989	40755
1955	18394	1962	16000	1969	21097	1976	28631	1983	38728	1990	44624

续表

年份	产量	年份	产量	年份	产量	年份	产量	年份	产量	年份	产量
1991	43529	1995	46662	1999	50839	2003	43070	2007	50160	2011	57121
1992	44266	1996	50453	2000	46217	2004	46947	2008	52871	2012	58957
1993	45649	1997	49417	2001	45264	2005	48402	2009	53082	2013	60194
1994	44510	1998	51230	2002	45706	2006	49804	2010	54641	2014	60710

资料来源：国家统计局，中国统计年鉴各卷。

2. 分季粮食产量的变化

分季节看（见图6-2），中国粮食生产的变化是：夏粮和秋粮都趋于增长，其中夏粮从1978年的5937.5万吨增加到2014年的13660万吨，秋粮从1978年的19456.5万吨增加到2014年的43649万吨，分别增长了130.1%和124.3%；早稻由1978年的5081万吨减少到2011年的3401万吨，下降了33.1%。1978～2014年，秋粮增加了24192.5万吨，夏粮增加了7722.5万吨，早稻减少了1680万吨，它们对增产的贡献率分别为80.0%、25.5%和－5.5%。

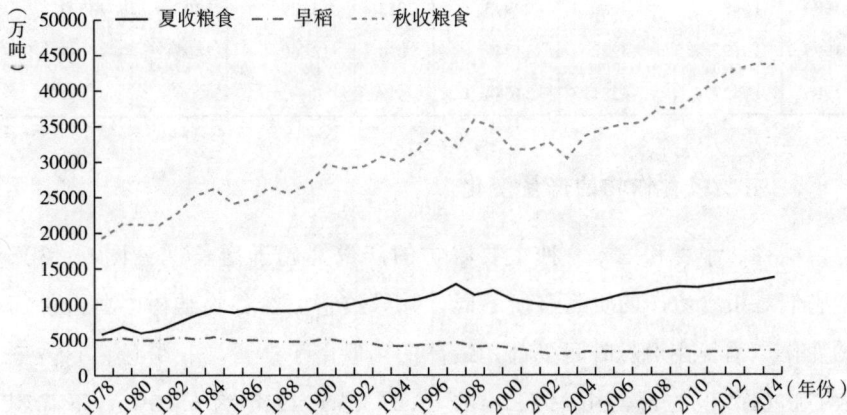

图6-2 1978～2011年中国分季粮食产量的变化

表 6 – 2　1978～2011 年中国分季粮食产量统计

单位：万吨

年份	夏收粮食	早稻	秋收粮食	年份	夏收粮食	早稻	秋收粮食
1978	5937.5	5081	19456.5	1997	12768.2	4577.6	32071.3
1979	6786.5	5197.5	21226	1998	11322.4	4052.3	35854.8
1980	5928.5	4914	21213	1999	11850.3	4096.7	34891.7
1981	6399	4953.5	21149.5	2000	10679.3	3751.9	31786.4
1982	7333.5	5306	22810.5	2001	10173.4	3400.3	31690
1983	8444	5077	25207	2002	9861.3	3029	32815.5
1984	9198.5	5330.5	26202	2003	9637.6	2948.3	30483.7
1985	8873.5	4880.5	24157	2004	10114.1	3221.7	33611.2
1986	9329	4962	24860	2005	10639.9	3187.3	34575.1
1987	9106.2	4763.3	26428.2	2006	11389.2	3186.8	35171.9
1988	9098.8	4701.4	25607.9	2007	11534	3196	35420
1989	9269	4733	26753	2008	12074.9	3159.5	37636.5
1990	10012.9	5057.5	29553.9	2009	12348.5	3335.5	37398.1
1991	9840.5	4624.9	29063.9	2010	12310	3132	39199
1992	10327.6	4648.7	29289.5	2011	12627	3276	41218
1993	10841.9	4133.9	30673.1	2012	12995	3329	42633
1994	10430.3	4086.2	29993.7	2013	13189	3407	43597
1995	10692.7	4222	31747	2014	13660	3401	43649
1996	11427.4	4381.3	34644.9				

3. 主要粮食作物的产量变化

稻谷、小麦和玉米三种主要谷物的产量都趋于增长（见图 6 – 3），但它们对粮食增产的贡献有所不同，并导致它们在谷物结构中所占份额的变化。稻谷在很长时间里都是最高的，但由于产量增长最慢，它占三大谷物总产量的份额由 1953 年的 67.1%（1949 年为 65.0%）下降到 2013 年的 37.4%（2014 年为 37.7%，略有增加），下降了近 30 个百分点；玉米产量最初在三大谷物中是最低的，但由于产量增长最快，

1998～2011 年，持续成为中国的第二大粮食作物，2012 年成为中国第一大粮食作物，其占三大谷物总产量的份额由 1949 年的 16.6%（1951 年为 15.1%）提高到 2013 年的 40.2%（2014 年为 39.4%，略有下降），增加了 23.6 个百分点。小麦产量增长慢于玉米又快于稻谷，一方面由第二大作物降为第三大粮食作物，另一方面，它的产量占三大粮食作物产量的份额从 1949 年的 18.4% 增加到 2014 年的 23.0%，提高了 4.6 个百分点。

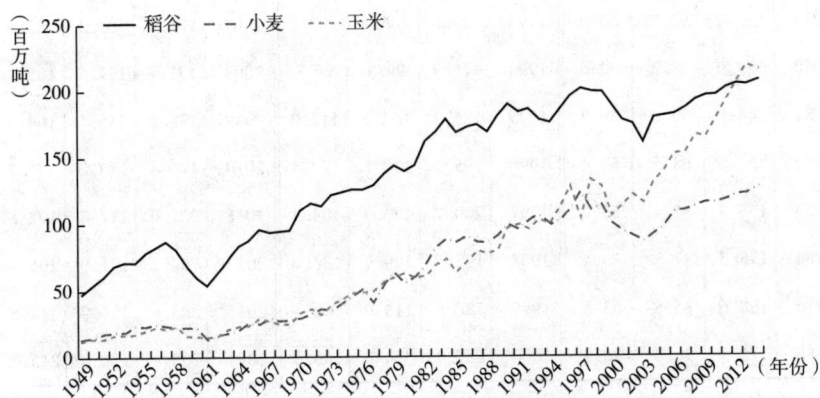

图 6-3　1978～2014 年中国三种主要粮食品种产量的变化

表 6-3　1978～2014 年中国三种主要谷物产量统计

单位：百万吨

年份	稻谷	小麦	玉米	年份	稻谷	小麦	玉米	年份	稻谷	小麦	玉米
1949	48.6	13.8	12.4	1957	86.8	23.6	21.4	1965	87.7	25.2	23.7
1950	55.1	14.5	13.9	1958	80.9	22.6	23.1	1966	95.4	25.3	28.4
1951	60.6	17.2	13.8	1959	69.4	22.2	16.6	1967	93.7	28.5	27.4
1952	68.4	18.1	16.9	1960	59.7	22.2	16.0	1968	94.5	27.5	25.0
1953	71.3	18.3	16.7	1961	53.6	14.3	15.5	1969	95.1	27.3	24.9
1954	70.9	23.3	17.1	1962	63.0	16.7	16.3	1970	110.0	29.2	33.0
1955	78.0	23.0	20.3	1963	73.8	18.5	20.6	1971	115.2	32.6	35.9
1956	82.5	24.8	23.1	1964	83.0	20.8	22.7	1972	113.4	36.0	32.1

年份	稻谷	小麦	玉米	年份	稻谷	小麦	玉米	年份	稻谷	小麦	玉米
1973	121.7	35.2	38.6	1987	174.3	85.9	79.2	2001	177.6	93.9	114.1
1974	123.9	40.9	42.9	1988	169.1	85.4	77.4	2002	174.5	90.3	121.3
1975	125.6	45.3	47.2	1989	180.1	90.8	78.9	2003	160.7	86.5	115.8
1976	125.8	50.4	48.2	1990	189.3	98.2	96.8	2004	179.1	92.0	130.3
1977	128.6	41.1	49.4	1991	183.8	96.0	98.8	2005	180.6	97.4	139.4
1978	136.9	53.8	55.9	1992	186.2	101.6	95.4	2006	181.7	108.5	151.6
1979	143.8	62.7	60.0	1993	177.5	106.4	102.7	2007	186.0	109.3	152.3
1980	139.9	55.2	62.6	1994	175.9	99.3	99.3	2008	191.9	112.5	165.9
1981	144.0	59.6	59.4	1995	185.2	102.2	112.0	2009	195.1	115.1	164.0
1982	161.6	68.5	60.6	1996	195.1	110.6	127.5	2010	195.8	115.2	177.2
1983	168.9	81.4	68.2	1997	200.7	123.3	104.3	2011	201.0	117.4	192.8
1984	178.3	87.8	73.4	1998	198.7	109.7	133.0	2012	204.2	121.0	205.6
1985	168.6	85.8	63.8	1999	198.5	113.9	128.1	2013	203.6	121.9	218.5
1986	172.2	90.0	70.9	2000	187.9	99.6	106.0	2014	206.4	126.0	215.7

4. 分区域粮食生产的变化

关于粮食集中度的研究结果表明（见表6-4），河北、内蒙古、辽宁、吉林、黑龙江、江苏、安徽、江西、山东、河南、湖北、湖南、四川[①] 13 个省份具有两个特征：一是粮食生产集中度高，二是粮食生产集中度总体上有上升的趋势。总体来说，①中国粮食生产重心逐渐向东北方向移动，转移距离为148 公里。②粮食产量相近省域的空间集聚程度增加，集聚效应越来越明显。③粮食生产向 13 个粮食主产区集中（张军等，2011）。

---

① 重庆市的划出，是四川省粮食产量占全国粮食产量份额下降较多的主要原因。

表 6 - 4　中国各省份粮食生产集中度指标变化值

省　份	1949～1959	1960～1969	1970～1979	1980～1989	1990～1999	2000～2009	2010～2014
北　京	0.39	0.52	0.56	0.56	0.55	0.21	0.18
天　津	0.29	0.41	0.41	0.37	0.42	0.29	0.29
河　北	4.79	4.92	5.21	4.91	5.40	5.50	5.53
山　西	2.24	2.32	2.31	2.11	1.95	1.99	2.12
内蒙古	1.99	2.09	1.70	1.52	2.57	3.33	4.32
辽　宁	3.48	3.26	3.76	3.25	3.28	3.35	3.37
吉　林	3.21	3.01	3.12	3.47	4.41	4.94	5.64
黑龙江	4.51	4.25	4.53	4.10	5.72	5.99	9.80
上　海	0.60	0.87	0.85	0.58	0.47	0.26	0.20
江　苏	6.57	6.95	7.15	8.02	7.01	6.21	5.77
浙　江	4.08	4.74	4.46	4.23	3.17	1.87	1.31
安　徽	5.05	4.67	5.35	5.56	5.25	5.67	5.56
福　建	2.27	2.19	2.29	2.21	1.98	1.53	1.14
江　西	3.41	4.03	3.81	3.87	3.49	3.62	3.55
山　东	7.21	6.50	6.90	7.66	8.44	8.04	7.68
河　南	6.61	5.82	6.42	7.02	7.54	9.55	9.64
湖　北	5.21	5.63	5.47	5.54	5.18	4.51	4.19
湖　南	5.85	5.94	6.30	6.59	5.70	5.62	5.05
广　东	5.99	6.65	5.74	4.89	4.27	3.40	2.64
广　西	3.10	3.16	3.47	3.22	3.10	3.07	2.53
四　川	11.32	10.21	9.26	10.12	9.32	8.82	7.65
贵　州	2.40	2.33	2.02	1.74	1.97	2.36	1.80
云　南	2.94	3.17	2.69	2.49	2.51	3.14	2.96
西　藏	0.10	0.15	0.14	0.13	0.15	0.20	0.16
陕　西	2.70	2.64	2.64	2.48	2.30	2.20	2.06
甘　肃	2.11	1.63	1.66	1.41	1.57	1.70	1.84
青　海	0.27	0.29	0.29	0.26	0.25	0.20	0.18
宁　夏	0.32	0.37	0.34	0.38	0.48	0.63	0.63
新　疆	1.02	1.30	1.15	1.32	1.56	1.82	2.22

从表 6-5 可以看出，我国粮食主产区的粮食产量占全国粮食总产量的份额长期维持在 70% 左右，近几年，粮食主产区的粮食产量占全国粮食总产量的份额逐渐增大，2011 年达到 76%。值得一提的是，黑龙江、河南两省的粮食总产量分别达到 5571 万吨和 5543 万吨，双双登上 5500 万吨新台阶。它们合在一起，相当于 1949 年全国粮食总产量。

表 6-5　1978~2014 年中国粮食主产区粮食播种面积的粮食产量情况

年份	粮食播种面积（千公顷）		粮食产量（万吨）		主产区粮食播种面积占全国粮食播种面积份额（%）	主产区粮食产量占全国粮食产量份额（%）
	全　国	主产区	全　国	主产区		
1978	120587	79196	30477	21286	65.7	69.8
1979	119263	78917	33212	22488	66.2	67.7
1980	117234	76905	32056	21368	65.6	66.7
1981	114958	76262	32502	22102	66.3	68.0
1982	113463	75159	35450	23676	66.2	66.8
1983	114047	75873	38728	26751	66.5	69.1
1984	112884	75232	40731	28221	66.6	69.3
1985	108845	73184	37911	26459	67.2	69.8
1986	110933	75233	39151	27701	67.8	70.8
1987	111268	75085	40298	28636	67.5	71.1
1988	110123	74177	39408	28208	67.4	71.6
1989	112205	75344	40755	28554	67.1	70.1
1990	113466	75988	44624	31857	67.0	71.4
1991	112314	75075	43529	30454	66.8	70.0
1992	110560	73854	44266	31412	66.8	71.0
1993	110509	74722	45649	32740	67.6	71.7
1994	109544	73776	44510	32159	67.3	72.3
1995	110060	74148	46662	33672	67.4	72.2
1996	112548	75888	50454	36362	67.4	72.1
1997	112912	76510	49417	35263	67.8	71.4

年份	粮食播种面积（千公顷）		粮食产量（万吨）		主产区粮食播种面积占全国粮食播种面积份额（%）	主产区粮食产量占全国粮食产量份额(%)
	全　国	主产区	全　国	主产区		
1998	113787	76759	51230	36316	67.5	70.9
1999	113161	76402	50839	36518	67.5	71.8
2000	108463	73143	46218	32607	67.4	70.6
2001	106080	72406	45264	32379	68.3	71.5
2002	103891	71234	45706	32913	68.6	72.0
2003	99410	68549	43070	30579	69.0	71.0
2004	101606	70388	46947	34115	69.3	72.7
2005	104278	72568	48402	35443	69.6	73.2
2006	104958	73739	49804	36824	70.3	73.9
2007	105638	76156	50160	37640	72.1	75.0
2008	106793	76717	52871	39918	71.8	75.5
2009	108986	78010	53082	39710	71.6	74.8
2010	109874	78550	54641	41185	71.5	75.4
2011	110572	79104	57121	43422	71.5	76.0
2012	111266.8	79417	58957	46021	71.4	75.7
2013	111951	80232	60194	45764	71.7	76.0
2014	112738	81080	60710	44610	71.9	75.8

资料来源：国家统计局公布的资料。

　　1949 年以来 13 个粮食主产区的粮食统计数据（见图 6 - 4）表明，1972 年以前，粮食主产区的粮食播种面积份额一直大于它的粮食产量份额，粮食主产区对全国粮食总产量的贡献主要来源于粮食播种面积大，而不是粮食单产高，但粮食播种面积份额与粮食产量份额之间的差距有逐渐缩小的趋势；1973 年以来，粮食主产区的粮食产量份额几乎都高于它的粮食播种面积份额（1977 年粮食播种面积份额大于粮食产量份额 0.7 个百分点，可忽略不计），粮食主产区对全国粮食总产量的贡献主要来源于粮食单产高，而不再是粮食播种面积大，且粮食播种面积份额与粮食产量份额之间的差距有扩大的趋势。

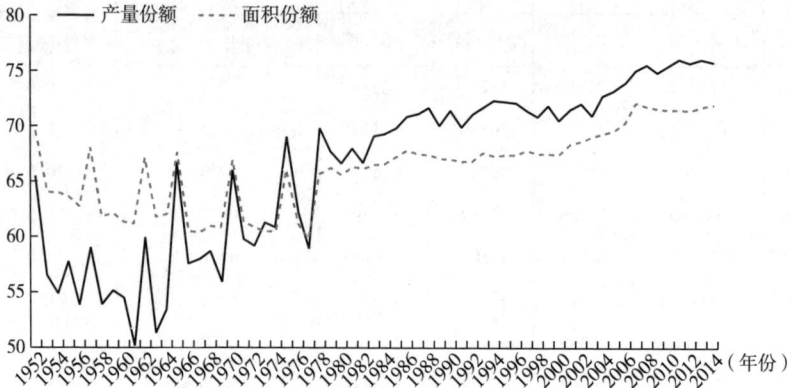

图 6-4　粮食主产区的粮播面积、粮食产量占全国总量的份额变化

5. 粮田面积和粮田生产力

中国的耕地实有面积与耕地上报面积在相当一段时间里有差异（参见第二章），所以评估中国农地的粮食生产状况需要对数据做必要的调整，而不能直接采用上报的粮食播种面积来观察 1949 年以来的粮食生产情况。

据分析，拟考虑的因素有三个。①用于粮食生产的耕地面积。以这个指标替代粮食播种面积指标的理由是：中国的农地利用强度与其他国家有较大不同。中国的农地利用强度较高，不少地方一年耕作两次，而很多国家的农地利用强度较低，不少地方两年耕作一次。如果以粮食播种面积计算平均粮食产量，就会大大低估中国农地的生产力。②改革开放前，主要农产品由政府收购，农民都必须务农，该阶段粮食播种面积占农作物总播种面积的比例较为稳定，粮食总产量主要决定于粮食单产，所以中央政府把粮食单产作为最重要的考核指标。为了得到上级政府的表扬，农业集体经济组织通常采用两个手段。其一是提高土地复种指数。有关三三得九不如二五得十（一年种三季、每季三百斤，不如一年种两季、每季五百斤）的调查结论和改革开放后三季种植区迅即回归两季种植区的事实表明，提高复种指数的增产作用是极为有限的。其二是瞒报新开垦的耕地。该阶段粮食单产的提高主要是瞒报的新开垦农地的贡献，所以农民将新开垦农地称为"帮忙田"。③改革开放后，在工业化、城镇化进程显著加快的作用下，农民从事非农就业的空间越来越大，农民追求农业比较利益的动力越来越足，粮食生产受到农业劳动力转移和农业生产结构调整的双重冲击。为了确保食物安全，中央政府把粮食播种面积作为最重要的考核指标。为了免遭上级政府的批评，一些乡县政府的官员出现了多报粮食播种面积的倾向。这是按上报播种面积计算的平均粮食产量低于实际平均粮食产量的重要原因。由此可见，为了客观地评价中国农地生产力的变化，必须对有关数据做一些调整。

据分析，数据调整可利用的条件有：①耕地面积重建数据；②粮食播种面积占农作物总播种面积的份额；③粮食总产量。粮食总产量的可观察性要显著好于粮食播种面积的可观察性，所以上报粮食产量与实际粮食产量的差异要显著小于上报播种面积与实际播种面积的差异。

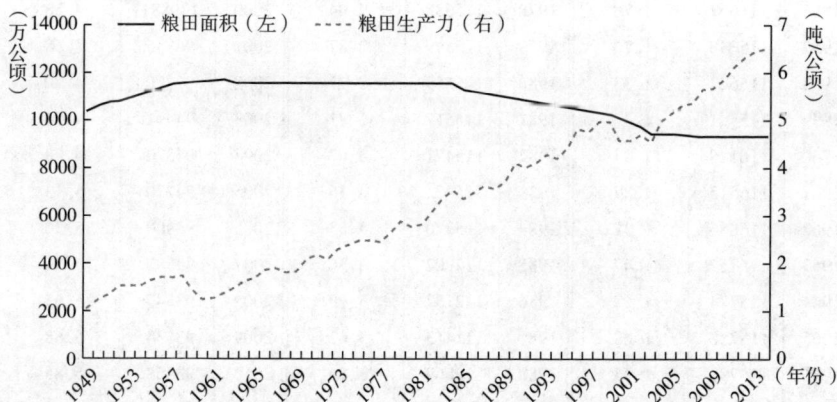

图 6 - 5　1949 ~ 2014 年粮田面积和粮田生产力

从图 6 - 5 可以看出，中国粮田面积先从 1949 年的 1.04 亿公顷逐渐增加到 1962 年的 1.17 亿公顷。1963 年至 1984 年的 20 多年里，中国粮田面积稳定在 1.15 亿公顷至 1.16 亿公顷。1985 年以后，受种植结构调整和非农产业占地的影响，粮田面积逐渐下降，2001 年粮田面积跌破 1 亿公顷。随后，政府开始加大粮田管理的力度，2006 年至 2014 年，粮田面积稳定在9300 万公顷至 9400 万公顷。65 年来，粮田生产力具有逐渐上升的趋势。1949 年每公顷粮田的平均产量只有 1.09 吨，1970 年每公顷粮田的平均产量迈上 2 吨台阶，1982 年迈上 3 吨台阶，1990 年迈上 4 吨台阶，2005 年迈上 5 吨台阶，2011 年迈上 6 吨台阶，2014 年为 6.51 吨。

表 6－6　1949～2014 年中国粮田面积和粮田生产力

单位：千公顷、吨/公顷

年份	面积	平均产量	年份	面积	平均产量	年份	面积	平均产量
1949	104279	1.09	1971	115793	2.16	1993	106883	4.27
1950	106213	1.24	1972	115780	2.08	1994	106100	4.20
1951	107551	1.34	1973	115765	2.29	1995	105302	4.43
1952	108014	1.52	1974	115746	2.38	1996	104486	4.83
1953	109467	1.52	1975	115723	2.46	1997	103822	4.76
1954	110867	1.53	1976	115697	2.47	1998	103161	4.97
1955	112264	1.64	1977	115668	2.44	1999	102371	4.97
1956	113657	1.70	1978	115635	2.64	2000	100881	4.58
1957	115048	1.70	1979	115599	2.87	2001	98855	4.58
1958	115607	1.73	1980	115559	2.77	2002	97210	4.70
1959	115991	1.47	1981	115517	2.81	2003	94491	4.56
1960	116140	1.24	1982	115471	3.07	2004	94320	4.98
1961	116515	1.27	1983	115422	3.36	2005	94270	5.13
1962	116886	1.37	1984	115370	3.53	2006	93900	5.30
1963	115757	1.47	1985	112902	3.36	2007	93587	5.36
1964	115774	1.62	1986	112157	3.49	2008	93549	5.65
1965	115788	1.68	1987	111413	3.62	2009	93534	5.68
1966	115798	1.85	1988	110669	3.56	2010	93458	5.85
1967	115805	1.88	1989	109922	3.71	2011	93442	6.11
1968	115807	1.81	1990	109172	4.09	2012	93392	6.31
1969	115806	1.82	1991	108417	4.01	2013	93341	6.45
1970	115801	2.07	1992	107655	4.11	2014	93290	6.51

注：根据耕地重建数据、粮食播种面积占农产品总播种面积份额和粮食总产量计算。

（二）中国的人均粮食产量

1949~2014 年，中国人均粮食产量也在波动中增长（参见图 6-6），若以 50 公斤（100 斤）为一个台阶，中国人均粮食产量在 65 年里跨了 4 个台阶。1949 年中国人均粮食产量 209 公斤，1951 年人均粮食产量跨上 250 公斤台阶，1956 年人均粮食产量跨上 300 公斤台阶，1983 年人均粮食产量跨上 350 公斤的台阶，1996 年人均粮食产量跨上 400 公斤台阶。

1996 年之后的 18 年里，只有 7 年的人均粮食产量超过 400 公斤，即 1998 年和 1999 年两年，以及 2010 年至 2014 年的 5 年。

从保障粮食安全而言，最值得反思的也是人均粮食产量重上台阶的教训。中国人均粮食产量于 1956 年跃上 300 公斤台阶并保持了 3 年，到 1974 年再次回到 300 公斤的台阶用了 16 年的时间；中国人均粮食产量从 1999 年维持在 400 公斤台阶上到 2010 年再次回到 400 公斤台阶，用了 11 年时间。保障粮食安全并不是不断提高人均粮食产量，而是稳定地保持适宜的人均粮食产量。粮食产量越接近适宜的人均粮食产量，不仅粮食安全风险越小，而且所需的粮食储备量、储备成本和储备损失也越小。

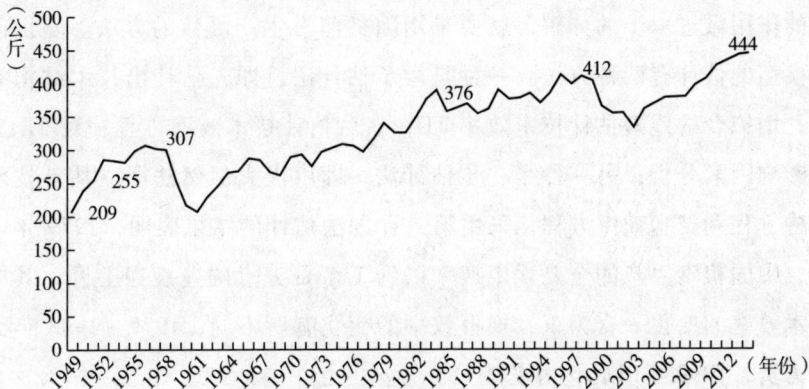

图 6-6　1949~2014 年中国人均粮食产量的变化

表 6 – 7　1949~2014 年中国人均粮食产量

单位：公斤

年份	数量	年份	产量	年份	产量	年份	产量	年份	产量	年份	产量
1949	209	1960	217	1971	293	1982	349	1993	385	2004	361
1950	239	1961	207	1972	276	1983	376	1994	371	2005	370
1951	255	1962	229	1973	297	1984	390	1995	385	2006	378
1952	285	1963	246	1974	303	1985	358	1996	412	2007	379
1953	284	1964	266	1975	308	1986	364	1997	399	2008	380
1954	281	1965	268	1976	306	1987	370	1998	411	2009	398
1955	299	1966	287	1977	298	1988	355	1999	404	2010	407
1956	307	1967	285	1978	317	1989	362	2000	365	2011	426
1957	302	1968	266	1979	340	1990	390	2001	355	2012	435
1958	300	1969	262	1980	325	1991	376	2002	356	2013	442
1959	252	1970	289	1981	325	1992	378	2003	333	2014	444

资料来源：国家统计局，中国统计年鉴各卷。

二　粮食生产的影响因素分析

（一）技术进步

技术进步的影响可以采用生产函数的方法进行估计。为了对技术进步的作用做进一步的分解，就要采用随机前沿生产函数的方法。随机前沿模型的估计有两种方法：一种是两步估计法，即先估计出技术结构方程，用拟合的残差估计技术效率 TE，然后估计技术效率方程，对 TE 进行影响因素分析；另一种是一步估计法，即由极大似然法联立估计技术结构方程和技术效率方程。采用第二种方法估计的结果表明，1979 年以来，中国粮食生产的全要素生产率以约 1 个百分点的速度在上升，其中技术效率的变化一直为正，规模效率的变化有所不同，1979~1998 年大多为负，1999 年以后转为正。

表 6 - 8　我国粮食生产全要素生产率增长的分解（按地区平均）

年份	TFP 增长	技术进步	技术效率增长	规模效率变化
1979	0.0108	0.0022	0.0093	- 0.0008
1980	0.0100	- 0.0001	0.0114	- 0.0012
1981	0.0120	0.0001	0.0109	0.0010
1982	0.0090	- 0.0016	0.0116	- 0.0010
1983	0.0105	- 0.0020	0.0119	0.0006
1984	0.0075	- 0.0020	0.0116	- 0.0021
1985	0.0111	- 0.0011	0.0113	0.0009
1986	0.0084	- 0.0010	0.0112	- 0.0018
1987	0.0088	- 0.0004	0.0107	- 0.0015
1988	0.0089	- 0.0014	0.0109	- 0.0006
1989	0.0076	- 0.0018	0.0120	- 0.0026
1990	0.0080	- 0.0021	0.0128	- 0.0027
1991	0.0105	- 0.0024	0.0140	- 0.0011
1992	0.0112	- 0.0021	0.0140	- 0.0007
1993	0.0104	- 0.0018	0.0142	- 0.0019
1994	0.0125	- 0.0018	0.0155	- 0.0012
1995	0.0109	- 0.0017	0.0153	- 0.0026
1996	0.0110	- 0.0013	0.0153	- 0.0030
1997	0.0144	- 0.0007	0.0155	- 0.0004
1998	0.0151	- 0.0002	0.0153	- 0.0001
1999	0.0177	0.0006	0.0161	0.0010
2000	0.0212	0.0001	0.0176	0.0037
2001	0.0175	0.0006	0.0187	0.0007
2002	0.0178	0.0006	0.0185	0.0002
2003	0.0192	0.0015	0.0191	0.0016
2004	0.0110	0.0006	0.0162	0.0045
2005	0.0111	0.0013	0.0131	0.0033
2006	0.0114	0.0025	0.0110	0.0021
2007	0.0085	0.0025	0.0110	0.0050
2008	0.0082	0.0042	0.0093	0.0053

（二）气候变化的影响

首先对气象产量进行界定。根据影响作物最终产量形成的各种自然和非自然因素，按影响的性质和时间尺度将粮食单产时间序列分解如下：

$$Y = Yt + Yw + \varepsilon \qquad (1)$$

式中：Y 代表粮食的实际产量；Yt 代表粮食的趋势产量；Yw 代表气象产量，ε 为随机产量。随机产量所占比例很小，常常被忽略不计。因此，（1）式可以简化为：

$$Y = Yt + Yw \qquad (2)$$

趋势产量的模拟采用直线滑动平均模拟方法。求出趋势产量后，气象产量为：

$$Yw = Y - Yt \qquad (3)$$

按照上述方法获得的研究结论是，第一，气候变化已成为影响中国农业用水和粮食生产的一个重要因素。采用 Palmer 干旱指数（PDSI）所得的研究结果表明，气候变化引起中国农田灌溉用水增加量平均超过 1000 亿立方米，每公顷粮食减产量平均超过 1000 公斤。第二，通过人为因素，如技术进步、政策保障、增加投入，可以缓解气候变化对中国农业用水和粮食生产的负面影响。20 世纪 80~90 年代以前，气候变化对中国农业用水和粮食生产影响显著，人为因素影响相对较少；20 世纪 80~90 年代以后，人为因素应对气候变化的作用逐渐增强，具体表现为在干旱加剧情形下，单位土地灌溉水量持续减少，而单位土地粮食产量持续增加。人为因素对粮食单产增长的贡献达到 40% 以上。

（三）农业政策

从表 6-9 可以看出，第一，粮食播种面积、劳动力投入、化肥施用量、农业机械总动力、耕地保护政策、财政支农惠农政策和粮食保护价政策均同粮食总产量呈正相关。第二，耕地保护政策、支农惠农政策和粮食保护价政策的实施对粮食产量提高都起到了积极的正效应，其弹性系数分别为 0.023、0.163 和 0.021。其中，耕地保护政策强度每加强 1%，粮食总产量可提高 0.023%。1982～2008 年，中国耕地保护政策强度由 5 增加到 51（见表 6-10），同期粮食产量增加了 49.14%，耕地保护政策对粮食产量提高的贡献为 21.16%，贡献率达 43.06%。为了更好地比较各自变量对粮食产量提高影响的相对重要性，估计结果中还专门列出了标准化系数的值。

表 6-9　农业政策影响评估的岭回归结果（RR，ridge regression）（K＝0.2）

项目	估计值	标准化系数	项目	估计值	标准化系数
C	3.420* (2.737)	—	Ln 耕地保护政策	0.023** (3.073)	0.177
Ln 粮食播种面积	0.216* (2.662)	0.416	Ln 支农惠农政策	0.163** (2.794)	0.182
Ln 劳动力投入	0.259* (3.231)	0.172	Ln 粮食保护价政策	0.021*** (6.168)	0.223
Lu 化肥施用量	0.128*** (8.446)	0.207			
Ln 农业机械总动力	0.051*** (7.477)	0.203	调整后的 R2F 统计量	0.948 24.002	

岭回归分析是一种专用于共线性数据分析的有偏估计回归方法，实质上是一种改良的最小二乘估计法，通过放弃最小二乘法的无偏性，以损失部分信息、降低精度为代价获得更符合实际、更可靠的回归系数，对病态数据的耐受性远远强于最小二乘法。

表 6 - 10　中国耕地保护政策强度定量化

项目	觉醒阶段	政策初建阶段		政策体系形成阶段		完善阶段	
	1982~1986	1987~1992	1993~1996	1997~1999	2000~2003	2004~2005	2006~2008
政策赋分累加结果	5	10	14	27	33	42	50
专家咨询修订结果	5	11	13	29	32	41	51

（四）耕地减少

20 世纪 80 年代以来，工业化过程中建设用地的增加速度超过了新增耕地的增加速度，中国耕地面积逐年减少已成必然趋势。1980~2003年 23 年间全国净减少耕地 522.9 公顷，年均减少 22.74 万公顷，年均减少 8.77%。23 年减少量是 1980 年耕地面积的 3.8%。三个主产区共净减少耕地 279.1 万公顷，年均减少量 12.14 万公顷，年均减少 3.99%，23年减少量是 1980 年该区域总耕地面积的 4%。粮食主产区耕地面积减少的幅度大于该时段全国耕地减少的幅度，应引起高度重视。长江中下游流域城镇化、工业建设和经济发展速度较快，耕地面积减少最快，1980~2003 年，该区域耕地面积净减少 156.93 万公顷，年均减少 6.82万公顷，年均减少 6.4%；黄淮海地区耕地面积减少 121.35 万公顷，年均减少量 5.27 万公顷，年均减少 5.1%，仅次于长江流域；东北三省是这三个区域中耕地起伏变化最小的区域，该区域 1980~2003 年净减少量8890 公顷，年均减少约 390 公顷，年均减少 0.04%。

耕地减少的原因有四个：一是建设占地，二是生态退耕占用耕地，三是农业结构调整占用耕地，四是灾毁耕地。

三　粮食生产布局的变化趋势

（一）北方粮食生产全面超越南方

2008 年北方粮食生产已全面超越南方，面积和产量分别占全国的

54.79%和54.34%，南方粮食面积与产量占全国的份额减至45.21%和45.66%。

（二）粮食生产向中部地区集中

东部12省（区、市）只有4个粮食主产省，该区粮食面积和产量占全国的比重有所下降，并有进一步下降的趋势。中部9省区除山西省外都是粮食主产省，该区粮食面积与产量占全国的比重有所提高，并有继续提高的趋势。西部10省（区、市）中只有四川1个粮食主产省，粮食生产的绝对量变化不大，但该区粮食面积与产量占全国的比重会缓慢下降。

（三）东北优质粳稻生产扩大，南方稻谷优势稳固

2008年与2004年相比，北方地区稻谷面积与产量占全国的比重分别提高了3.34和3.01个百分点。南方地区所占份额有所降低，但优势依然稳固。北方稻谷生产大省包括辽宁、吉林、黑龙江和河南4省，其中黑龙江省稻谷生产的面积与产量占北方的近一半。干旱将是未来北方稻谷生产最大的制约因素。

（四）小麦生产向黄淮流域集中

北方地区小麦种植面积与产量均占到全国的2/3以上，南方地区不足1/3。东中部小麦生产扩大，西部小麦生产萎缩。2008年，东中部小麦面积和产量占全国的比重分别为77.6%和83.9%，与2004年相比，其面积和产量比重分别增加了1个多和2个百分点。其中，黄淮海小麦优势产区与具有加工技术优势的鲁、豫、苏、皖、鄂5省份小麦面积与产量及占全国小麦比重均保持稳定增长，河北、内蒙古小麦面积与产量都有提高，并具有进一步提高的趋势；西部因自然条件与产品品质等原因，小麦生产日渐为其他作物所替代，有进一步下降的趋势。

（五）玉米生产向北方与中部优势地区集中

玉米在我国粮食生产中有较大规模发展。北方玉米生产在全国的优势地位进一步巩固，其面积与产量占全国的比重由 2004 年的 76.47%、79.51% 提高到 2008 年的 78.60%、82.15%，都提高了 2 个百分点以上。从东中西部地区来看，中部玉米面积与产量占全国玉米面积与产量比重由 2004 年的 45.64%、46.13% 提高到 2008 年的 46.27%、49.72%，分别提高了 0.63 个百分点和 3.59 个百分点。其中黑龙江和内蒙古两省区玉米面积与产量增长量合计占全国比重的 4.72% 与 4.99%。

（六）大豆生产整体萎缩

近年大豆生产整体下滑，面积与产量均不同程度下降，北方地区大豆面积与产量仍占全国的 70% 以上，南方地区大豆面积与产量则不足 30%。从东中西部 3 个地区来看，东部大豆面积与产量全面下滑，占全国的比重减少 2~3 个百分点；中部面积扩大、产量略减，面积与产量占全国比重维持在 70% 以上；西部面积稍降、产量略有增加，产量占全国比例保持在 10% 多一点。

四 中国粮食安全战略

（一）实施基本农田保护制度

1. 基本农田规划制度

各级人民政府编制土地利用总体规划时，要按照基本农田的数量和质量要求，做好基本农田布局规划。不准以调整土地利用总体规划为名占用基本农田。

2. 基本农田保护区制度

县级和乡（镇）土地利用总体规划应当确定基本农田保护区，保护区以乡（镇）为单位划区定界，由县级人民政府设立保护标志，予以公告，将18亿亩耕地红线落实到地块上。

3. 占用基本农田审批制度

国家能源、交通、水利、军事设施等重点建设项目选址确实无法避开基本农田保护区，需要占用基本农田的，必须经国务院批准。

4. 基本农田占补平衡制度

建设占用多少基本农田，就必须补划数量相等、质量相当的耕地，确保本行政区域内土地利用总体规划确定的基本农田面积不减少。

5. 基本农田保护责任制度

各级农业行政主管部门和基本农田承包经营者，要承担培肥基本农田地力、防止基本农田污染的责任。严禁任何单位和个人在基本农田保护区内从事有损基本农田的活动，占用基本农田发展林果业和养殖业，闲置、荒芜基本农田。

6. 基本农田监督检查制度

县级以上地方人民政府应定期组织土地行政主管部门、农业行政主管部门以及其他有关部门对基本农田保护情况进行检查，发现问题及时处理或向上级人民政府报告。

（二） 加强农业基础设施建设

1. 加强中低产田改造

中国有 1.2 亿公顷耕地，其中中低产田占 2/3，即 0.8 亿公顷；按现有耕地 2/3 用于粮食生产、其中 1/4 中低产田获得改造和改造后平均每公顷增产 1500 公斤计算，粮食增产潜力为 200 亿公斤。

2. 完善农业基础设施

我国农业基础设施已经有了一定规模，但仍存在许多薄弱环节，每年仍有大量水旱灾害。按平均年成灾面积 34016 万亩，减产 30% 计算，年均减产 2495 万吨，约为年均产量的 6%。建设和改造一批大型灌排设施，增强抗灾保产能力，对提高粮食综合生产能力有着重要意义。一是加快灌区续建配套和节水改造，提升农田水利设施服务功能，恢复和扩大有效灌溉面积。二是在水土资源较好、粮食增产潜力较大的地区，建设农业灌溉水源工程，增加灌溉面积。三是建立小型农田水利建设专项补助资金，采取以奖代补等多种形式，鼓励农民投工投劳兴办小型水利事业。四是对节水灌溉机具和设备给予补贴，大力发展节水灌溉。五是建立农业节水财政补贴制度。按照核定的农户实际节水量，将节水补贴直接发放到农户。

3. 促进农业技术进步

综合农业部全国农业技术推广总站和有关研究单位的材料，技术措施能使粮食增产 500 亿 ~750 亿公斤。主要措施包括：①推广优良品种。对品种进行一次全面更换，增产粮食 100 亿公斤。②改进栽培管理技术。推广稻、麦、玉米等作物的规范化高产栽培技术，高寒山区和干旱区玉米等作物塑料薄膜覆盖栽培技术，增产粮食 100 亿 ~150 亿公斤。③配方施肥和深施肥技术。推广7亿~8亿亩，可增产粮食100亿公斤；测土配方施肥技术的推广，提高了化肥利用效率，磷肥、钾肥用量保持稳定，氮肥用量下降，依赖增加用肥量增产的阶段已经基本结束。④节水灌溉技术。通过节水扩大灌溉面积10%以上，在年降水量300~500毫米的北方雨养农业地区，采取耕作保墒、秸秆还田、增施肥料和抗逆品种等旱作农业技术，增产100亿~200亿公斤粮食。⑤减少粮食作物在收割、运输、贮藏中的损失。将损失降至3%~5%，可减少粮食损失100亿~200亿公斤。

（三）优化粮食生产布局

长江区应发展粮食作物优势产业带，适当发展优质小麦。黄淮海区要稳定小麦播种面积，扩大优质专用小麦种植，扩大高油、高蛋白、高淀粉等加工专用型玉米的种植面积。东北区应增加加工用、饲用玉米的播种面积，扩大高油大豆的种植面积，适当控制水稻播种面积。

（四）倡导科学健康消费

我国目前的食品消费结构中，热量、蛋白质和脂肪的人均日摄入量，已经接近发达国家和地区的水平，只是在牛肉、牛奶等消费方面，与美国、日本等国还有相当大的差距。要引导科学饮食、健康消费，促进形成科学合理的膳食结构，提高居民生活和营养水平。

五　粮食安全的含义

粮食安全可以从产品层面、资源层面、生态层面和消费层面来分析。相比较而言，产品层面的粮食安全最易观察、最易调整，影响的时间较短、空间较小，生态层面的粮食安全难以观察、难以调整，影响的时间较长、空间较大，资源层面的粮食安全则介于它们二者之间。消费层面的粮食安全对以上三个层面的粮食安全都有影响。所以，对于粮食安全的讨论，必须从产品层面拓展到资源、生态和消费层面。

（一）产品层面的粮食安全

最近 10 年，中国粮食连续 10 年增产，2013 年全国粮食总产量为 60193.5 万吨，跃上了 6 亿吨的台阶。与此同时，随着国际可支付能力的持续增强，粮食净进口量也在逐渐增加。在两类因素的共同作用下，国内市场上的粮食供需一直处于平稳状态，没有出现过令人担忧的异常现象。这是无可置疑的事实，也是所有人都能够观察到的现象。

从长远看，产品层面的粮食安全有一系列有利因素，具体表现在五个方面。第一，良种更新速度加快。中国粮食作物很早就实现了很高的良种覆盖率，近年来，随着良种来源增多，良种更换速度有所加快，这为保障粮食稳产增产奠定了重要基础。第二，有效灌溉面积增加。中国有效灌溉面积由 1978 年的 4500 万公顷增至 2000 年的 5382 万公顷和 2012 年的 6340 万公顷。前 22 年间增加 882 万公顷，后 12 年间增加 958 万公顷，年均增幅显著快于前 22 年。今后 7 年，国家对农田水利设施建设更加重视，规划的投入力度显著增大，投放重点更加突出，粮食主产区的灌溉条件会得到进一步改善。第三，地膜覆盖面积增长。地膜覆盖是保障旱地粮食生产稳定性的重要举措。1993 年至 2012 年，全国地膜覆盖面积由不足 600 万公顷增加到 2333 万公顷，几乎翻了两番。地膜覆盖技术的改进和覆盖面积的扩大，将有效地抑制气候变化造成的粮食产量波动，为保障粮食安全做出其应有的贡献。第四，综合机械化率提高。1978 年至 2012 年，中国的农业综合机械化率由 18.8% 增加到 56%，提高了近 2 倍。其中，1978～2000 年的 22 年间，农业综合机械化率提高 10.2 个百分点，2000～2012 年的 12 年间，农业综合机械化率提高 27 个百分点，农业综合机械化率提高速度显著加快。粮食生产的综合机械化率的提高，有助于改善水热条件的匹配性，有助于满足粮食作物生长的节令性要求，从而对增加粮食产量、降低粮食产量波动性做出贡献。第五，粮食生产集中度提高。统计分析结果表明，13 个粮食主产区占全国粮食总产量的份额由 1949～1959 年的 69.21% 提高到 2010～2012 年的 77.78%，增加了 8.57 个百分点（前期包括重庆，后期不包括重庆）。粮食生产集中到经济上更适宜种粮的区域，有助于改进政策干预的空间瞄准，从而对粮食增产、稳产施加积极作用。

产品层面的粮食安全也面临着挑战。具体表现为，第一，劳动力成本不断提高。虽然单位粮田的用工量不断下降，但由于工价上涨得更快，单位粮食的平均用工成本不断提高。第二，土地成本不断提高。随着土地流转规模的扩大和流转需求大于流转供给引起的转包费上升，粮食生产的土地成本不断提高，目前平均每亩粮田的年转包费已经增加到 600 元。第三，化肥、农药、地膜等要素成本不断增加。由于这三个因素都将长期存在，所以如何应对粮食生产成本的持续上升，是我们必须面对的挑战。

我国的食物需求已经跨越了温饱阶段，进入了吃好和吃健康阶段。今后的粮食安全主要是食物的质量安全。保证食物的质量安全，首先要按照农学家关于"当我们的食物皆产自肥沃的土壤，当我们皆食用这些新鲜的食物时，人类至少有一半的疾病将会消失"的说法，强化耕地管理和物流管理，将粮食生产最大限度地配置在肥沃的耕地上，最大限度地提高市场上的食物的新鲜度，像走出过度包装误区那样，走出过度储存、过度加工的误区。其次要对食物生产标准做出严格的规定，消除过度使用化肥、农药等行为。最后要开展有效的监管，让所有进入市场的食物都达到食物安全的最低标准，让所有国民都能吃上放心的食物。这是政府必须履行的职责。至于标准更高的食物，可以让市场机制来调节。

（二）资源层面的粮食安全

中国的传统农业追求的是产量最大化。主要有两种做法：一是把能产粮食的地开垦出来，二是在能种粮食的季节进行耕作。然而，可供农业利用的水资源是有限的，片面追求粮食产量去开垦边际土地和提高复种指数，必然导致在水热条件匹配性较差的地方和季节生产粮食的情形，于是造成水资源短缺，特别是地下水位的不断下降。耕地的自然肥力也是有限的，片面地追求产量最大化，就不得不采用多施化肥的办法来满足作物的肥力需求，就不得不采用多施农药的办法来解决土壤中的营养物无法为作物健康生长提供保障的问题，于是就产生了耕地污染、土壤中营养物质减少等一系列问题。如果化肥、农药、地膜等造成的土壤污染、水体污染不断加重，这些水土资源终将无法用于粮食生产。

倘若产品层面的粮食安全要以地下水位下降、耕地污染、土壤营养物质减少为代价，那么产品层面的粮食安全维持的时间越长，资源层面的粮食安全就会变得越差。从资源层面的粮食安全来说，土地垦殖强度和耕地复种指数都不是越高越好。所以，我们要放弃凡是能种粮食的土地都要开垦出来、凡是能种粮食的季节就要种植的传统观念，要改变把有利于维持土壤肥力的休耕扭曲为撂荒的说法。

从长远看，粮食生产能力的稳定性要比粮食产量的稳定性更重要，所以产品层面的粮食产量稳定性必须建立在资源层面的粮食生产能力稳定性的基础上。当二者有冲突时，只有在温饱尚未解决阶段，可以为了追求粮食产量而采用耗竭性的资源利用方式；超越温饱阶段之后，粮食安全的着眼点必须从粮食生产潜力开发转向粮食生产能力保护，不宜为近期目标而损害长远目标，不宜为局部目标而牺牲全局目标，不宜为粮食产量而加大资源压力。

短期的粮食供给不足部分可以进口来解决。进口粮食的实质是购买国外当年农地和水资源的使用权。由于世界上的粮食出口国主要是水土资源禀赋丰富的国家（不是为了实现经济起飞而让农业做贡献的国家），所以这种结果具有共赢的性质。

（三）生态层面的粮食安全

生态系统的承载力和环境的自净能力都是有限的。按照物质不灭定律，超过环境自净能力的污染都会累积在环境中，并对特定的生态系统施加越来越严重的负面影响。倘若化肥、农药、地膜等造成的土壤污染、水体污染不断加重，遭受其影响的生态系统总有一天将无法继续成为人类的栖息地。如果适宜作为人类栖息地的生态系统占生物圈的份额不断降低，人类生存发展的外部环境就会变得越来越恶劣。这种结果决不会因为不观察或观察不清楚而改变。可持续的粮食安全，是有资源保障和生态保障的粮食安全。所以我们不能只关注观察到的产品层面的粮食安全，而忽略不宜观察到的生态层面的粮食安全。按照笔者的理解，中央强调把饭碗牢牢捧在自己手上，主要是指资源层面和生态层面的粮食安全。

相比较而言，产品层面的粮食安全问题可以借助两个市场来解决，资源层面的粮食安全问题可以借助两种资源来解决，而生态层面的粮食安全问题必须依靠自己来解决。所以，我们要把生态层面的粮食安全问题放在更为重要的位置上。我们要本着对后人负责、对未来负责的态度，牢牢记取地球上曾经出现过的人类文明（例如玛雅文化）局部消失的教训，全面制止各种追求短期成本最小化和利益最大化而采用成本延期支付、利益提前支取的行为。这是各级政府必须履行的更为重要的责任。

（四）消费层面的粮食安全

1. 粮食消费中的损耗

粮食安全既同生产、进口有关，又同消费有关。我国粮食消费中的问题表现在四个方面。

第一，物流和仓储中的粮食损耗。我国粮食流通、储运技术落后，每年因遗撒、霉变、虫鼠害等因素引发的产后粮食损失高达 250 亿公斤，每年农民的储粮损失达 175 亿公斤。如果损耗率达到发达国家低于 3% 的水平，每年可以减少粮食损耗 250 亿公斤。

第二，生活中的粮食损耗。2012 年，我国人均粮食产量 435 公斤，人均肉类产量 54.6 公斤，人均水产品产量 43.6 公斤，均高于世界平均水平。蔬菜、水果的人均产量也是如此，只有乳制品是例外。中国在总体上已经解决了人口营养不良问题。根据卫生部公布的调查数据，中国超重人数已经达到 2 亿人，其中 90% 的人是因为营养过剩。近些年来，餐厅和学校、机关、企业的食堂，丢弃剩余食物的现象极为普遍，家庭丢弃剩余食物的现象也有增无减。按照丢弃的剩余食物占食物总量 10% 的保守估计，全国每年丢弃的剩余食物折合粮食约 500 亿公斤。如果这部分损失减少一半，可以减少粮食损耗 250 亿公斤。过量饮用白酒的粮食损耗。2011 年，我国白酒产量（折 65 度，商品量）1025.6 万吨，已经超过 2020 年的目标产量。其中约 20% 的消费与有损健康的过量饮酒相关，如果把这部分白酒消费控制住，可以节省 100 亿公斤粮食。

第三，加工程度过高造成的粮食损耗。2011 年全国稻谷产量 20078 万吨，按加工 85% 的标二米和 15% 标一米计算，可加工出 13965 万吨大米；由于加工精度过高，实际生产 12015 万吨大米，产量减少 195 亿公斤。2011 年，我国面粉产量 1.17 亿吨。其中特制粉所占比例为 25%，如果减少 10 个百分点，改为生产标准粉，按照标准粉出粉率 75%，特制粉出粉率 60% 等参数计算，加工同等数量的面粉，则用于加工的小麦可减少近 40 亿公斤。

第四，加工范围过大造成的粮食损耗。我国玉米深加工的总体产能稳定在 7750 万吨左右，深加工产能对玉米的需求量达到国内玉米产量的 47%。玉米深加工，不仅把玉米变性为非粮食，还把玉米中的一些营养物变性为污染物，由此产生的高浓度有机废水污染，又成为环境治理的负担。

综上所述，假如各项措施落实到位，全国可以减少粮食损耗 835 亿公斤，加上严格控制粮食变性加工措施，一共可以减少 1200 亿公斤的粮食消费。这样，我国的粮食安全就一定会得到更有力的保障。

2. 做好粮食消费管理

第一，抓好粮食消费。从加强粮食消费管理入手，纠正粮食消费中的浪费。恢复节约粮食的优良传统。将恢复节约粮食的传统，落实到每一个学校、机关、企业和家庭。提升粮食物流基础设施。加快粮食物流散装、散运、散卸和散储技术的普及度，逐步推广使用低温储粮、气调储粮等技术，尽快将粮食物流、仓储的损耗率降至 3% 以下。调整营销策略。例如，买一赠一是超市常见的促销策略。然而，这种做法很可能会造成浪费。为此，国外的一些超市将买赠合改为买赠分离，让消费者购买时先领赠品，吃完后再依据购买凭证到超市领取购买的食品。类似的做法值得提倡。

第二，减少粮食损耗。政府要承担起普及食品健康知识的责任，使国民懂得大米过精、面粉过白、油色过浅，不仅影响国民身体健康，影响粮食安全，还增加能耗、增加污染的道理。近百年来俄罗斯有许多变化，但将黑面包作为主食一直没变。黑面包为全面粉烤制，营养成分流失很少，由此增强了俄国人健康的体魄。这个经验值得我们总结。政府应制定加工标准，引导企业进行适度加工，充分保留米面油中的营养，纠正因粮食加工时营养流失过多而再添加多种营养替代物的做法。

第三，限制粮食变性。任何资源都可以通过加工增值，要拓宽企业家加工增值的视野，而不再局限在粮食的加工增值上。政策应该尽快实施到位。为了粮食安全，国家已经出台了禁止玉米深加工，防止它挤占粮食资源的政策。但现行政策留有的余地较大，难以落实到位。从事玉米深加工的企业家很可能会采取随机应变的机会主义行为。玉米深加工，在一定程度上是政府补贴和税收优惠政策造成的资源配置扭曲。政府有责任快速消除由此造成的对粮食安全的威胁。

参考文献

程琨、潘根兴、邹建文、李恋卿、熊正琴、张旭辉、郑金伟：《1949～2006 年间中国粮食生产的气候变化影响风险评价》,《南京农业大学学报》2011 年第 3 期。

郭淑敏、马帅、陈印军：《我国粮食主产区粮食生产态势与发展对策研究》,《农业现代化研究》2006 年第 1 期。

吕晓、黄贤金、陈志刚、唐健、赵云泰：《中国耕地保护政策的粮食生产绩效分析》,《资源科学》2010 年第 12 期。

张军等：《1949～2009 年中国粮食生产发展与空间分布演变研究》,《中国农学通报》2011 年第 24 期。

第七章

农业发展面临的挑战

本书的前几章，就中国农业最近 60 多年取得的发展做了简略的分析与概括。这一章将论述中国农业发展面临的问题与挑战。

中国拥有 13 亿人口，农业历来被认为是安天下、稳民心的战略产业。如何保持农业的稳定增长和持续发展，如何应对农业发展面临的问题与挑战，是研究人员和决策者必须思考的问题。

一　农业生产面临的挑战

（一）耕地非农化的挑战

1990 年代中期以来，在工业化、城镇化快速推进的冲击下，耕地被占用成为中国农业面临的一个较为突出的问题。中国经历了数千年的垦殖，尚可开垦的后备耕地已经很少了。在工业化、城镇化快速推进时期，耕地的减量大于耕地的增量，导致耕地总面积下降，具有合理性。然而，我国的耕地被占用并不是市场配置资源的必然结果。毫无疑问，单位面积土地用在工业和服务业部门，其吸纳的投资量、创造的就业机会和 GDP 通常会超过农业。但是仅凭这一点，还不足以得出现实中所有的耕地非农化都合乎经济理性的判断，还不宜得出再多的耕地非农化也无可非议的判断，更不宜得出政府的土地管理行为没有任何失当的判断，提出上述质疑的理由如下。

第一，中国现阶段不适宜用纯粹的经济学方法来讨论耕地非农化问题。中国现阶段的耕地非农化是由各级地方政府决定的。地方政府的目标既可能是卖地收入最大化，[①] 也可能是承诺的招商引资量最大化，所

---

① 一种形象的说法是：地方政府先以非市场的方式和一定年限的使用权的价格购入农民集体土地的所有权，再以市场（或非市场）的方式和所有权的价格（或极低的价格）卖出其所有的土地的一定年限的使用权。政府通过这样两次交易得到了巨大的卖地收益（或投资承诺）。

以耕地非农化的主要决定因素不是公司或企业实际的用地需求，而是地方政府确立的卖地收入预期或招商引资量预期。公司或企业买地的主要决定因素也不是其当时实际的用地需求，而是它们确立的土地增值预期。其预期的土地增值越快，储地的需求量就越大。更为棘手的是，在改革不断深化的宏观环境下，地方政府并不相信其能永久地拥有垄断土地一级市场的权力，因而他们会热衷于多卖早卖（或多送早送）；公司或企业也不相信自己一直会有得到廉价土地的机会，因而他们会热衷于多储早储。这两种行为叠加在一起，必然会使耕地非农化的数量大大超过非农用地的实际需求。耕地非农化的数量在这样的宏观环境中显然是无法实现最优化的，所以完全照搬完全竞争理论来评价中国现阶段的耕地非农化问题，必然会得出似是而非的判断或结论。

第二，中国非农用地利用效率的提升空间显著地大于农地。中国的耕地面积约占世界耕地总面积的9%，这些耕地生产的农产品约占世界农产品总量的20%，这意味着中国农业用地的利用效率显著高于世界平均水平，甚至高于发达国家的平均水平。[1] 中国的非农产业用地利用效率很低，[2] 平均每平方公里非农产业用地创造的 GDP 仅为发达国家的几分之一。[3] 既然中国土地利用低下的问题主要出在非农用地上，各级地方政府和公司企业就应该把主要精力放在提高非农用地的效率上，而不

---

[1] 2005 年我国耕地占世界耕地总量的 10.1%，生产的粮食占世界粮食总量的 21.8%；印度耕地略多于中国，其生产的粮食仅为中国的一半。美国耕地占世界耕地总量的 12.3%，生产的粮食占世界粮食总量的 16.4%；在世界主要粮食生产国中，只有法国和德国的耕地产出效率高于中国。

[2] 在中国，无论是开发区还是非开发区，工业用地利用效率都很低，特别是基层政府自设的"开发区"，普遍存在用几亩地建工厂、几十亩地圈起来闲着的现象。出现这种情况的主要原因是：基层政府以很低的价格甚至零地价向企业家提供土地，企业家当然看重工厂的效率，但更看重的是他储存的土地的增值空间。

[3] 我国目前城市人均建设用地 126 平方米，高于发达国家人均 82 平方米和发展中国家人均 87 平方米的水平，单位面积建设用地投资量为美国的 1/3、德国的 1/7、日本和英国的 1/10。2011 年我国城市平均每平方公里建设用地产出为 1.4 亿美元，2007 年的纽约、香港和东京分别为 7.72 亿美元、7.98 亿美元和 14.79 亿美元。

宜放在将农业用地转为非农用地上。非农用地的利用效率提升空间大于农业用地的理由是，农场主们很难将农作物配置在同一块土地的不同空间中，而公司或企业很容易配置在同一个大楼的各层中。

第三，耕地并不是工业化、城镇化所需土地的唯一来源。中国农村不仅拥有大量耕地，而且拥有大量利用效率非常低下的建设用地和其他农业用地。这些用地同样可以用来满足工业化、城镇化的用地需求。简言之，工业化、城镇化的用地需求，应该按照农村建设用地、农地中的非耕地、劣等耕地、中等耕地、优等耕地的顺序来满足。强调这个优先次序的主要理由有三个。①耕地对肥力的要求很高。食物的质量在很大程度上取决于耕地的质量。耕地的肥力越高，含有的元素越多，营养成分越好，生产出的食物的质量就越高。建设用地没有肥力要求，将肥力高的耕地改为建设用地是对土地肥力的浪费。②耕地对地块平整度的要求很高。耕地的平整面越大、平整度越高，其作业效率和灌溉效率就越高，它们之间具有很强的正相关性。建设用地对地块平整度也有要求，但其对土地平整性的要求在很多情形下低于耕地，将平整度极高的耕地改为建设用地是对土地平整度的浪费。③中国的高速铁路和高速公路网络越来越健全，客观上具备了在低山丘陵地带发展工业和城市的条件。充分利用好这些条件，不仅可以提高工业和城镇分布的均衡性，培育更多的经济增长极，而且可以有效地保护好肥沃的耕地。

第四，中国大量占用耕地的工业化、城镇化阶段已经基本结束。中国现有城乡建设用地1.9亿亩，容纳了7亿人。按这个标准推算，再增加1亿亩土地就能满足工业化、城镇化的用地需求了。然而，中国经历了持续20多年的土地城镇化快于人口城镇化的土地低效利用阶段，该阶段的主要问题是热衷于圈地而不是挖掘非农用地的利用潜力，所以当务之急是进行由粗放式圈地到精细化用地的转型，把处于闲置状态的非农用地的利用潜力都充分挖掘出来。做到了这一点，完成工业化、城镇化所需的土地增量就会少很多。

第五，耕地保护红线必须严格执行。一些学者认为，农产品供需平衡要靠市场机制来调节，而不宜设置耕地保护红线。他们深信，只要农产品价格足够高，就一定能够实现农产品供需平衡，所以耕地是无须保护的。这种观点显然失之偏颇。纵观世界，绝大多数国家，包括所有先行的发达国家都借助土地利用规划达到保护耕地的目标，并为耕地非农化制订了严格的程序。先行发达国家的耕地几乎都是私有的，但耕地的发展权属于国家，绝不是所有者想干什么就可以干什么的。[①]所谓农田保护，一是保护农、林、牧业主产区及其优势区位土壤肥力高、营养元素多的基本农田，二是保护能生产特色农产品的农地。

（二）耕地非粮化的挑战

农业改革的核心内容是把农业生产经营的决策权赋予农户。农户得到农业生产经营自主权后，在比较利益和居民食物结构改善的拉动下，将一些粮田改种蔬菜、水果、花卉等高附加值农产品，以及建设生产畜禽水产品的畜棚和鱼塘等。种植结构和农业生产结构的调整提高了农业效益和农民收入，但对粮食安全有负面影响。

尽管经济作物生产对耕地的需求是较为有限的，且中国农业种植结构调整已经基本完成，不宜夸大耕地非粮化问题的严重性和危害性，但作为一个耕地资源禀赋相对不足的国家，仍要对耕地非粮化采取应对策略。第一，建立农地流转非粮化的监管机制。调查表明，耕地非粮化主

---

① 英国在第二次世界大战以前对耕地基本不予保护，国内所需的农产品主要依靠海外市场，该政策使其耕地面积迅速减少。为了遏制耕地面积不断下降的态势，英国于1947年制定了《城乡规划法》。该法规定：所有土地的发展权均归国家所有，任何人欲开发土地，均须申请并取得开发许可。土地所有权人或土地开发者改变土地用途即使与发展计划不冲突，也必须得到规划机关的许可。美国也制定了耕地保护综合体系。1981年制定的《农地保护政策法》将全国农地划分为四类，对农地实行严格的用途管制。2000年出台的《农业风险保护法》通过限制基本农田和特殊农田的非农利用，保护土地的生产能力。《城市规划法》中有农地不准任意侵占、不许任意转用的规定。《农地和乡村保护法》规定，所有开发都必须取得规划许可。

要发生在流转的农地上。西北农林科技大学"粮食主产区土地流转的现状及机制构建"课题组的大样本调查表明，河南、山东、河北和安徽四个粮食主产区流转农地的非粮化率为 61.1%，[①] 且流转的规模越大，非粮化倾向越强。因此，要以构建覆盖县、乡、村的农地流转服务平台为依托，建立农地流转非粮化的监管机制。第二，在粮食主产区划定基本粮田。在此基础上将建立高标准基本粮田作为确保国家粮食安全的基础设施，进而提高农民种粮的比较利益。第三，从扩大经营规模入手培育核心农户。核心农户具有三个特征。一是家庭人均纯收入不低于非农户。二是具有自生能力。其生产经营不依赖于政府补贴。三是遵守各项规则。即生产经营合乎相关法律法规的要求，合乎信守合约和承诺的市场规则、社会规则的要求。核心农户包括同时具备上述三个条件的家庭农场、提供外包服务的农业大户和从事农业的公司。

（三）耕地利用低效化的挑战

为了防止农户占有耕地而不耕种，耕地资源稀缺的农村社区大多制订了承包地必须耕种，否则必须交回集体进行再分配的规定。耕地是中国农村最为稀缺的资源，农户不会轻易地做出把承包地交还集体的决策。于是，现实中出现了仅仅为了维护耕地产权而耕作的行为。采取这种做法的大多是家里的强劳力在外从事非农产业、具有很好的替代收入的农户。这些农户关注的是总投入的平均产出最大化而不是利润最大化。农户的这种决策行为对农户收入的影响极小，但对农业总产出的负面影响较大。

这并不是中国特有的问题，该问题的解决可借鉴其他国家的经验。例如，韩国针对这个问题制定的有关法律规定，农地所有者和利用者有义务耕种土地和谋求地力的增强。地方政府有权对违规者实行代耕制度，即对

[①]　周怀龙：《如何走出土地流转"非粮化"困局》，《中国国土资源报》2014 年 6 月 30 日。

没有灾害或不可抗力的事由，年收获量连续 2 年未达到农林部规定的基准收获量或栽培基准的农地指定代耕者。耕地的代耕期为 1～3 年，牧草栽培地或多年生植物栽培地的代耕期为 5～10 年。被代耕两次以上的农地，政府可接受代耕者的申请，命令土地所有者将该土地卖给代耕者。

（四） 耕作强度下降的挑战

中国农业正在由传统农业向现代农业转变。传统农业追求的是产量最大化，它追加投入至边际产量为零之处；现代农业追求的是利润最大化，它追加投入至边际投入等于边际产出之处，缺少了边际产出小于边际投入的那部分投入，这是农业转型而造成的耕作强度下降。在现实中，农业耕作强度下降，最容易观察到的现象是在两季农区农户改双季种植为单季种植。[①] "双改单" 有三个优点。一是农民增收。2006 年，中国双季稻每公顷的净利润为 3813.7 元，而单季稻为 4504.5 元，[②] 即种植单季稻的利润更高。二是节省灌溉用水、化肥和农药等投入。我国农业生产存在着地下水过量抽取和化肥农药过量使用问题。降低耕作强度，即少种一季农作物，对于解决这些问题具有至关重要的作用。三是有利于耕地肥力的维持。耕地上营养物质的循环是需要时间的。适当地降低耕作强度，让耕地得到阶段性的休养生息，对于改善耕地营养物质循环，进而维持和提高土地肥力，具有极为重要的作用。"双改单" 的缺点是单位耕地的总产量下降，但总产量决不会因少种一季而减少一半。1998～2006 年，中国双季稻区水稻播种面积减少 13%，水稻总产量减少 5.4%。[③] 如果考虑多种一季的种子消耗，粮食的减产量还会低一些。鉴

---

① 朱德峰、陈惠哲、徐一成、张玉屏：《我国双季稻生产机械化制约因子与发展对策》，《中国稻米》2013 年第 4 期。

② 辛良杰、李秀彬：《近年来我国南方双季稻区复种的变化及其政策启示》，《自然资源学报》2009 年第 1 期。

③ 辛良杰、李秀彬：《近年来我国南方双季稻区复种的变化及其政策启示》，《自然资源学报》2009 年第 1 期。

于耕作强度和复种指数下降的现象难以扭转，应对这个变化是中国农业必须面对的另一个挑战。

有关资料表明，中国的小麦播种面积和产量下降得比较快。小麦播种面积和产量下降的主要原因是生长季节太长，在北方需要半年多时间，其间遭遇各种灾害的风险很大。玉米八九十天就成熟了，其间遭遇灾害的风险较小，产量更为稳定。北方只种一季玉米，亩产 1400 斤；既种小麦又种玉米，小麦产量 600 斤，玉米产量 1000 斤，加起来 1600 斤。现在玉米价格不低于小麦价格，农户改种两季为种一季，增加了农户的农业收入（多种一季的成本大于少种一季的损失），减少了土地肥力和水资源消耗，减少了化肥、农药对环境的负面影响，所以适当降低耕作强度，推进季节性休耕，是有好处的。

土地的肥力是有限的，耕作强度和复种指数并不是越高越好。改革初期，现在的两季农区有些是种三季的，由于"三三进九"不如"二五得十"（三季各 300 斤不如两季各 500 斤），这些地区改为种两季。[①] 现在是否出现了"二五得十"不如"一十得十"的情形，需要冷静观察。今后，要放弃凡是作物可以生长的季节就必须种植的传统观念，要改变把有利于维持土壤肥力的休耕扭曲为撂荒的说法。在粮食相对紧缺的时候，国家可以采取补贴的方法鼓励农民种植两季粮食；在粮食相对丰裕的时候，应该尊重农民"双改单"的做法。

（五）农业竞争力下降的挑战

近些年来，受国内农业生产成本快速攀升和开放农产品市场的双重影响，中国农产品净进口趋于上升，不仅土地密集型产品大豆大量进口，玉米进口量趋于增加，稻谷、棉花等劳动密集型农产品的进口

---

① 王耕今、朱镕基、林祥金：《关于稻麦三熟制的几个问题——在上海和苏南地区的调查》，《农业经济丛刊》1980 年第 1 期。

量也在增加。中国农业竞争力下降有两方面原因。一方面是国外农产品价格相对下降。目前配额内的进口农产品到岸完税价格已经低于国内农产品价格。例如，牛羊肉和猪肉的进口到岸完税价格每吨分别不到 26000 元和 12000 元,[①] 低于国内零售市场上牛羊肉和猪肉价格的一半。另一方面是国内农产品价格在农业要素价格全面上升的影响下快速上升。一是农业劳动力成本不断提高。现在农业和非农产业的工资率已经基本持平，这也是中国劳动力市场发育充分的标志。二是土地成本不断提高。受土地流转的供给满足不了需求的影响，土地流转价格不断上升，现在耕地的平均年流转费已经增加到每公顷 9000～12000 元，接近于每公顷粮食产出的 1/3。三是化肥、农药、薄膜等其他要素的成本也在增加。这三种要素的价格短期内都难以下降，所以如何应对农业竞争力下降，是中国农业必须面对的一个挑战。

农业发展需要得到政府支持，但政府的支持应集中在属于公共品的各种农业基础设施建设上，而不宜集中在属于私有品的农产品生产上。发放农业生产补贴对内会损害资源配置效率，对外会受到 WTO 规则的约束。按照 WTO 规则的算法，我国对谷物、大豆的补贴已到达 8.5% 的边缘，棉花补贴已超出 8.5% 上限。[②] 国际上通行的办法是把农产品价格补贴转为农民收入补贴，使之进入绿箱，以规避黄箱政策的限制。例如美国，2014 年农业法案颁布后，它的黄箱补贴降到极低水平。我国也要将农业黄箱补贴调整为绿箱补贴。中国的农业资源相对稀缺，利用国外农业资源和国际农产品市场调剂国内农产品供给，减轻国内农业的资源环境压力是必要的，同时要避免农产品进口对我国农民的就业和收入的冲击。

---

① 陈锡文：《中国农业发展形势及面临的挑战》，《黑龙江粮食》2015 年第 2 期。
② 陈锡文：《中国农业发展形势及面临的挑战》，《黑龙江粮食》2015 年第 2 期。

二 其他方面的挑战

（一）推进农民合作的挑战

农民合作有很多好处，但现实中仍有不少农民缺乏合作意愿。据分析，出现这种情形的原因有三个。第一，利用国家政策为自己谋利益的所谓"农村精英"较多，而愿意为其他农户提供帮助的农村精英太少，这是农民合作难以推进的主要原因。第二，农业生产外包服务市场的形成，满足了农户采用机耕、机播、机收的需求。基于市场的跨社区的农业装备服务外包对基于地缘的社区内部的农户合作的替代，在一定程度上削弱了农户对合作组织的需求。第三，农业公司快速进入，由此形成的"公司＋农户"的经营模式，对农民合作社具有替代作用。如何提高农民合作的内聚力量并削弱影响合作的外部力量，是推进农民合作必须面对的挑战。

（二）农民不愿放弃土地的挑战

1978 年以前，中国农民普遍接受以土地换就业和户籍的政策。改革开放不久，上海等发达地区的农民就不认同以土地换就业和户籍的政策了。做出这个判断的依据是：同样村里部分土地被国家占用，改革前农民想方设法地争取去国有企业当工人，改革后是以抓阄方式决定必须去国有企业当工人的人选。前些年的调查表明，西部地区城市周围的农民也不认同以土地换就业和户籍的政策了。近来的调查表明，90% 的农民都不愿意接受以土地换就业和户籍的政策。① 据调查分析，发达地区农

---

① 中国社会科学院 2010 年完成的对全国 103 个城市 106031 个农民工的调查表明，"八〇前"农民工中大约有 80% 的人不愿意转变为非农户口；"八〇后"农民工大约有 75% 的人不愿意转变为非农户口。如果要交回承包地才能够转户口，则 90% 的农民工不愿意转变为非农户口。四川省统计局和河南统计局所做的外出务工农民工调查表明，明确愿意将户口转为城镇户口的分别为 10.7% 和 10.2%。

村的发展机会多于城市，这类地区的农民很容易找到发展机会，无须放弃土地承包权；欠发达地区农民进城的障碍已经基本消除，也不需要以放弃土地作为其获得非农就业机会的代价。当然，外出务工的农民买不起大城市的房子是他们想在大城市打工而不想要大城市户口的最主要的原因。如何控制住城市房价，以提高进城农民的就业稳定性和工资增长性为切入点引导他们放弃农民身份，是推进现代农业发展必须面对的挑战。

（三）农民保留土地产权的挑战

中国的农户平均经营规模不仅一直很小，而且受多子均分制度的影响，农户的平均经营规模有不断变小的倾向。这是问题的一个方面。问题的另一个方面是，随着机械化的推进和化肥、农药、薄膜的应用，单位耕地所需的劳动投入量越来越少，劳动的强度越来越小，农业生产对劳动力的体力要求越来越低，这些因素使农户适度经营规模有不断变大的倾向。

中国农民的户均耕地面积较小，所能获得的农业收入较为有限。有些学者据此认为引导农民放弃土地使用权并不是很难的事情。其实并非如此。第一，土地是比资金、劳动力更为稀缺的资本，土地的价值会随着其稀缺性的提高而逐渐增大。近些年来土地价格的快速攀升，又进一步拉高了农户对土地资本增值的预期，并成为其拥有的最大的资产。农户对其拥有的最大资产是不可能轻易放弃的。第二，农户拥有的土地产权不够清晰，他们放弃土地经营权的行为毕竟是有风险的。在土地产权尚未明确界定清楚之前，农户是不会轻易地将其土地经营权长期让渡出去的。第三，土地产权证的发放会显著地促进农户长期放弃土地经营权的假设能否成立，需要观察。第四，现实中肯定能找到超越社区、完全市场化的土地流转案例，但是土地流转通常不会超越社区，不会像劳动力、资本流动那样活跃和市场化。以为土地流转很快就会像劳动力、资本那样活跃，很可能是不现实的。

（四）农业趋向规模经营的挑战

农民之间或农民与企业之间通过耕地使用权流转，推进农业规模经营，是农业转型的题中应有之义，也是提高中国农业竞争力和分享规模经济的关键举措。但是，农民不仅关注规模效益，也关注分享规模效益的风险。他们不愿意为了分享规模效益而承担可能引发的土地产权风险，是很多规模效益无法形成的主要原因。此外，农民进入城市和非农产业的障碍尚未完全消除，农村社会保障体系尚未建立起来，也是制约农村土地流转的重要原因。如何确保农户没有丧失土地产权的风险，转移到非农产业的农民有稳定的就业机会和收入来源，并完成社会保障对土地保障的替代，是推进土地规模经营必须应对的挑战。在这些事情尚未做好之前，不应高估土地规模经营的好处和低估土地规模经营的实现难度。

前面已经指出，对于粮食生产，土地规模经营的主要好处是降低成本、增加收入，而提高粮食产量的作用有限。现实中的土地流转大多与耕地非粮化有关，即土地规模经营并不等同于粮食生产的规模经营。更为重要的是，农业经营规模必须与经济发展水平和农业形成的基础相适应[①]，而不宜以其他国家的农业经营模式作为标杆。

除了规模经营外，提高农业效率的措施还有很多：第一，积极引导农户在生产要素购买、农产品出售、土地整理、农业基础设施修建和维护等方面开展互助合作；第二，采用先进的农艺技术；第三，建立和完善农业装备服务外包体系；第四，优化产业布局，提升产业结构。这些措施的操作难度小于土地流转措施，应该成为政府引导政策的优先选项。

---

① 一般来说，移民主导的农业，其平均经营规模较大，例如美国、加拿大、巴西、阿根廷和中国东北地区、新疆；非移民主导的农业，其平均经营规模都较小。

（五）强化粮食消费管理的挑战

2012 年，中国人均粮食产量 435 公斤，人均肉类产量 54.6 公斤，人均水产品产量 43.6 公斤，分别比世界平均水平（332.7 公斤、42.1 公斤和 22.1 公斤）高出 30.7%、29.7% 和 97.3%。除乳制品外，中国人均蔬菜、水果产量也高于世界平均水平。但是，由于管理措施不够健全，存在着一系列的浪费现象和不合理的消费现象。如何有效地解决这些问题，保障农业可持续发展，是中国必须应对的挑战。

消费管理方面需要采取的措施包括：改善粮食仓储设施条件，减少仓储损失；制定加工标准，引导企业适度加工；强化对粮食变性加工的限制政策，制止玉米深加工企业的机会主义行为；普及食品健康知识，使国民懂得感官指标的局限性，明白大米过精、面粉过白、油色过浅，不仅影响国民身体健康，影响粮食安全，还增加能耗、增加生产成本、增加污染的道理；改变商业企业不利于节约粮食的营销策略。

（六）保护农民土地产权的挑战

在城镇化过程中，所用土地最初以占用耕地为主；中央政府强化基本农田管理后，先转为旧城改造，但旧城面积有限，且改造成本很高，又转为农村建设用地整理。2000~2010 年，农村居民点从 330 多万个下降到 270 万个，减少了约 20%。这种情形的出现具有客观必然性，需要讨论的是以何种方式推进这个过程。

发展城镇确实需要有所扬弃。然而，扬弃造成的损失是立即就能感受到的快变量，而发展带来的利益是具有滞后性的慢变量。更为棘手的是，在不少情况下，扬弃造成的损失的承受者和发展带来的利益的获得者并不是完全一致的。所以，推进城镇化的关键不在于扬弃的魄力，而在于妥善、有效地解决好发展与扬弃的关系的智慧。

第一，农村建设用地整理应该循序渐进，而不必操之过急。根据笔者的调查，一些地方的少数官员不是按照城镇化的进程整理农村建设用地，而是急于在自己的任期内把农村建设用地都整理完。第二，特定的农村建设用地整理要同特定群体的城镇化相联系，以确保农村建设用地整理具有内生性，而不宜强制农民为别人的城镇化而整理自己的农村建设用地。第三，不宜就土地论土地。城镇化是发展的结果而不是发展的前提，政府要从清除非农产业、城镇的进入障碍，构建农村社会保障体系入手，使越来越多的农民具有稳定的非农就业机会和收入来源，并完成社会保障对土地保障的替代。第四，政策上赋予农民利用整理出来的建设用地建设城市的权利，解决农民被动失地的问题。如何处理好上述问题，是推进城镇化必须面对的挑战。

（七）农村社区管理体制的挑战

加强农村社区管理，要从提高农民组织化程度、政府的公共服务能力和协同管理水平入手。农村社区管理的主要任务是：增强社区凝聚力，促进农村社区发展；调解各种矛盾，维护农村社区稳定；构建对话渠道，使农民群众能够表达利益诉求，使政府能够倾听农民意愿。为了促进农村社区的民主管理，政府必须接受农民社团组织的监督，必须做出能够让农民参与政府管理的制度安排。要健全村级公益事业"一事一议"财政奖补机制，完善奖补办法，加大奖补力度，促进村级公益事业健康发展，改变政府大包大揽的做法。如何通过向农民和农民集体经济组织赋权进行政府管理转型，是各级政府必须面对的挑战。

（八）农村分化与稳定的挑战

中国农村正处于传统农村社区急剧分化、农民就业结构快速变化的过程中。市场机制和政府扶持是这个过程中的两股重要力量。其中，市场机制的主要作用是促进传统农村社区分化，而政府扶持的主要作用是维护农村社区稳定。分化有利于增加农民的发展机会，稳定则有利于降低农民的风险，这两股力量相互补充则事半功倍，相互替代则会事倍功半。市场是自发发生作用的，所以，这两股力量是互补还是替代（甚至冲突），主要取决于政府。对于政府来说，如何使其采取的举措顺应农民的选择，而不是试图改变农民的选择，把国家的需求和农民的需求有机结合起来，是处理农村分化与农村稳定的关系必须面对的挑战。

参考文献

陈锡文：《中国农业发展形势及面临的挑战》，《黑龙江粮食》2015 年第 2 期。

秦立建、王震：《农民工城镇户籍转换意愿的影响因素分析》，《中国人口科学》2014 年第 5 期。

王耕今、朱镕基、林祥金：《关于稻麦三熟制的几个问题——在上海和苏南地区的调查》，《农业经济丛刊》1980 年第 1 期。

辛良杰、李秀彬：《近年来我国南方双季稻区复种的变化及其政策启示》，《自然资源学报》2009 年第 1 期。

张翼：《农民工户籍转化意愿及其政策含义》，《比较》2011 年第 2 期。

第八章

中国农业的展望与愿景

一　农业发展的目标

（一）　农业改革的目标

中国农业发展的战略目标是：到 2030 年左右，初步建立以土地适度规模经营为基础，以高素质农民、高新技术、先进装备为动力，以生产作业外包体系、农产品市场体系、支农工业体系、宏观调控体系为支撑，适应小康生活要求、国际竞争要求和可持续发展要求的现代农业。深化改革是实现农业发展战略目标的重大举措。简略地说，农业改革的目标可以概括为市场化、非农化和法治化三个方面。

1. 市场化

中国农产品的市场化改革已经基本完成，下一步的改革要以建立金融市场、土地市场和劳动力市场为主要内容，确立市场在资源配置中的基础地位。其中，农村金融市场改革应采取增量改革与存量改革相配套的方式，一方面割断国有商业金融机构连接政府的脐带，将它们推向市场，并将单纯做"粮食"业务的国有政策性银行拓展为支持农业开发、农村基础设施建设、农业结构调整和农产品进出口的综合性的政策性银行；另一方面，赋予民营金融企业合法地位，适当降低农村金融市场的准入门槛，促进农村中小银行的发展，有效地解决民间借贷作用巨大却没有合法地位的问题。以法律的形式赋予农户对承包土地的占有权、使用权、收益权和处分权，以及对集体土地变更用途的知情权、参与权和决策权。这是开展农村土地市场化改革的必要条件。农业土地市场改革的核心是规范农村土地市场，确保农民和征地者之间的权利平等，以及征地者之间的权利平等；制止地方政府滥用土地征用权的行为；补偿为守住 18 亿亩耕地红线做出贡献的农户。劳动力市场改革的核心是清除各种限制人口迁移的制度性障碍，引导和支持服务于劳动力市场的各类中介机构的发展，加快培育城乡统一的劳动力市场。

2. 非农化

改革开放以来，农村劳务输出规模不断扩大，为促进城乡发展和增加农民收入做出了越来越大的贡献。但是，非农化停留在劳务输出阶段，不利于农业经营规模扩大和城市化进程。要通过深化改革，拆除农民转为市民的樊篱，尽快完成由农民劳务输出到农村人口迁徙的转变，实现非农就业扩大与农村人口减少、农地经营规模扩大的有机结合。

3. 法治化

部分农村干部行政不作为和滥用公权是农民最为憎恨的事情，也是引起干群冲突的主要原因。为了扭转这种局面，必须采取行之有效的措施来提高干部的素养，但更为重要的是做出政府官员必须依法行政的制度安排。只有双管齐下，才能更为有效地解决部分政府官员滥用公权和行政不作为等问题。

（二）农村发展的任务

1. 提升农业的竞争能力

推进农业结构的战略性调整，继续优化农业区域布局，进一步推动优势农产品和特色农产品向优势产区集中，形成优势农产品产业带，促进农业的规模化、优质化、标准化生产，不断提高农业产业化经营水平；继续提高初级农产品加工转化的能力，增加农产品的附加值；继续加快林业、畜禽养殖业和水产养殖业的发展，全面提高农业资源的利用效率。

2. 提升农民的收入水平

政府既没有能力依靠财政转移支付使所有农民的收入都保持快速增长，也没有必要确立这样的目标。政府用于农民增收的财政转移支付应该瞄准农村低收入人口，使绝对贫困人口尽快脱贫，使他们的生活水平与农村人口的平均生活水平的差距逐渐缩小。

在"二元经济结构"转换阶段，维系"制度工资"有利于扩大社会再生产，有利于增加就业机会，有利于加快二元经济结构转换。不能只看到"制度工资"的"残忍性"，而忽视它的合理性。在现实中，市场决定的城市工人的工资与农民工的工资差异并没有超出 30% ~ 80% 的区间，城乡收入差异的扩大在很大程度上是拥有权力（包括垄断权力、行政权力、事业权力等）的那部分人收入上涨太快造成的。抑制各种凭借权力增加收入的倾向，也是防止收入差距扩大的重要举措。

3. 提升食品的安全水平

今后几十年，我国粮食需求总量仍呈增长态势。粮食安全是国家安全的重要组成部分。为了确保粮食安全，首先要实行最严格的耕地保护制度，确保可比性耕地总量不减少①。其次，加大财政对农业保险的支付力度，建立农业风险防范机制，以维系农民从事农业生产的积极性。再次，合理确定国家粮食储备规模。粮食安全的重点是口粮，对饲料粮等应采取更为灵活的策略，以充分发挥国际粮食市场的作用。最后，要确立食品安全目标，加强食品生产安全的管理，全面提高农产品的质量和安全水平。

---

① 可比性耕地为耕地实际面积与耕地质量调节系数的乘积。对于特定面积的耕地，耕地质量提高得越快，可比性耕地面积越大，反之亦然。

4. 提升农村基础设施水平

要初步形成覆盖农村地区的结构合理的基础设施体系，化解基础设施制约农村经济社会发展的矛盾。一是将水量安全提升为水质安全，使所有农民的生活用水在质量上都达标，使农民生活上享有的水权与市民一样；二是将全天候的县乡路网体系拓展为延伸至村组的路网体系，使农民享有的路权与市民一样；三是继续推进包括旱地在内的农业基础设施建设，不断缩小工农业之间的基础设施的差距；四是继续推进重大生态工程和环境工程建设，逐步改善国家可持续发展的环境。

在较长的一段时期内，农村基础设施建设和维护是由辖区内的地方政府负责的。由于大多数县乡财政收入只能维持政府的日常管理，无法保证农村基础设施建设资金来源的可靠性和稳定性，中央已经把加强农村基础设施建设作为促进农民收入增加的重要措施，这为加快农村基础设施建设提供了极其有利的宏观政策环境。国民经济的持续快速增长，将为政府加大农村基础设施建设投入提供坚实的物质基础。农村基础设施的利用率较低，可采用市场方式建设和维护的部分较小，政府必须承担很大的责任。也就是说，随着市场经济体制的不断完善，政府在退出竞争性行业的同时，要不断加大农村基础设施的投入力度。第一，政府加大国债用于农村基础设施建设的投资比例。基础设施在促进农村地区经济增长和社会进步方面具有重要作用，理应成为国债投入的重点领域。第二，尽量购买社区农民的劳务。依靠社区农民开展农村基础设施建设，既可以为农民提供短期就业和增加收入的机会，又可以降低农村基础设施建设成本，并形成社区农民参与基础设施维护的机制。

政府应按照突出重点的原则，整合投放在农村基础设施体系建设上的资源。要将提高财政支农资金的使用效果与增加财政支农资金放到同等重要的地位。除了加大财政无偿投入外，还要用财政补贴方式引导社会资金参与农业和农村基础设施建设。

5. 提升农村社会发展水平

农村社会发展集中在教育、医疗和养老三个方面。一是在改善农村义务教育的基础上加大非正规教育的供给，为广大农民提高素质和掌握新技能提供更好的条件。二是加大对农村医疗体系建设的支持力度，扩大农村合作医疗保障体系的覆盖范围，完善农村新型合作医疗制度，使贫困农民看得起病，用得起药，化解"患大病"之忧。三是进一步完善农村"五保户"和重病重残人群的供养和救助制度，逐步完善救助方式，提高供养和救助标准，扩大供养和救助的覆盖面；逐步实现从家庭养老、社区养老为主向社会养老为主转变；有效解决农民老有所养、病有所治、灾有所助的问题。

（三）农业发展的途径

农业是应用生物技术最直接、最广阔和最活跃的领域之一。21世纪，以基因研究获得突破为标志的生命科学的发展，将有力地推动生物科学的发展，并引发新的农业革命，促进新的农业产业的形成。概略地说，微生物资源利用的产业化，将把由植物、动物构成的二维农业提升为由植物、动物、微生物构成的三维农业，为环境友好型农业成为主导农业奠定基础；海藻资源利用的产业化，将把陆地农业拓展为陆地与海洋交融的农业；利用植物细胞的全能性和无性繁殖途径制造种子，利用胚胎移植、分割技术和动物生长素基因转移技术实现畜禽快速、定向繁育，利用植物叶片生产营养价值高、可消化率高的高蛋白饲料与食品，利用生物技术培育新菌种并大规模生产不同用途的氨基酸，利用多年生和一年生植物及藻类生产生物能源，都将成为农业的新产业。中国农业要以新的农业革命为契机、为导向、为动力，在关键技术攻关、技术成果转化、农民素质提高和科技体制创新等方面取得突破性进展，加快资源依附型农业向技术引领型农业的转变，使技术进步成为农业发展的根本动力，努力完成已经确立的到 2030 年基本实现农业现代化的任务。

21 世纪，信息资源将会发挥越来越重要的作用。与自然资源、能源这样不能共同使用的硬资源不同，信息是可以共同使用的软资源。运用现代信息技术最大限度地实现农业信息资源的高度共享，有利于提高农民科学文化素质，有利于改进农户生产经营决策，有利于推动农业产业结构提升，有利于优化政府宏观管理政策，有利于推动农村社会全面发展。这也是现代农业形成的重要标志。

21 世纪将是生物科学和生命科学主导世界发展的世纪。马克思曾经做出的工农生产率差异会随着对应它们的学科发展差异的缩小而缩小的判断，很可能会在 21 世纪变为现实。①国民经济的快速增长将为农业发展提供更好的外部环境，农产品需求多样化将为农业发展创造更多的机会，农业革命将为农业发展提供更强的技术支持，在这样的大背景下，中国农业虽有挑战、有困难，但更充满机遇和希望。

1. 由应对农产品数量需求拓展到应对农产品质量需求

中国农业在很长时间里一直是应对农产品数量需求的农业。以 20 世纪 90 年代末农业发展进入新阶段为标志，中国农业拓展为应对农产品数量增加与质量提高两个需求的农业。

在传统农业阶段，提高耕地生产力和开发宜耕地，是保持农产品供需平衡的主要措施。大量的森林、草地和湿地被开垦为耕地的过程，既是将越来越差的土地纳入农业生产领域的过程，也是森林、草地、湿地

---

① 早在 140 多年前，马克思就认为，工业发展得更快，是特定阶段的结果。"工业发展到了一定阶段，这种不平衡必定开始缩小，就是说，农业生产率必定比工业生产率相对地增长得快。"他指出，"特别是：大工业的真正科学的基础——力学，在十八世纪已经在一定程度上臻于完善；那些更直接地（与工业相比）成为农业的专门基础的科学——化学、地质学和生理学，只是在十九世纪，特别是十九世纪的近几十年，才发展起来。"马克思：《剩余价值理论（1861～1863 年）》，载《马克思恩格斯全集》第 26 卷（Ⅱ），人民出版社，1973，第 116 页。

减少和生态恶化的过程。从微观层面上看，传统农业具有生态农业的属性，但从宏观层面上看，却是破坏资源和生态的农业。最近几十年，化肥、农药、薄膜的投入，使农产品供需平衡完全建立在农业生产率增长的基础上，不再需要开发宜耕地了，但它的作用仍具有两重性：一方面它解决了农产品短缺对经济增长的制约，另一方面它对环境施加了一系列负面影响，如过量使用化肥造成的水体富营养化，过量使用农药造成土壤中有毒物质的增加，过量使用塑料薄膜造成土地中含有大量不易溶解的化学物质，以及农产品中的有害物质超标等。在扬弃传统农业的短短几十年里暴露出这么多重大问题，引起了人们的深刻反思。但是要消除这些负面影响，绝不是简单地退回到传统农业，而是进行再一次超越，走向生态农业。

在技术和经济层面上，生态农业和传统农业均有共性。技术层面上的共性是：它们与自然的关系都具有和谐、交融的特性，资源配置都具有复合、循环的特性，生产的产品都具有有机、无公害的特性。经济层面上的共性是：它们都具有生产循环与生态循环相结合的特性，都是农业生产者自主选择的结果，都是能够实现生产者预期目标的资源配置方式。它们在技术选择上都以科学为基础，所不同的是：传统农业以经验科学为基础，生态农业以实验科学为基础。它们在劳动力配置上都追求最优化，所不同的是：传统农业的最优点在追加劳动的边际产出为零之处，生态农业的最优点在边际产出等于边际投入之处。传统农业是自然经济的产物，它以家庭分工为基础，其目标是实现家庭效用最大化。生态农业是市场经济的产物，它以社会分工为基础，其目标是追求利润最大化。传统农业旨在满足家庭自身的食物需求，从小尺度看，农户生产具有多样化、分散化的特征；从大尺度看，农户的微观资源配置具有非常强的相似性。生态农业旨在满足社会的农产品需求，从小尺度看，农户生产具有专业化的特征；从大尺度看，农户的微观资源配置具有非常显著的差异性。传统农业以农产品的地名做品牌，例如沙田柚；生态农业以产品的注册商标做品牌。在传统农业阶段，品牌的功能是向消费者传递产品的产地信息；在生态农业阶段，品牌不仅是向消费者传递产品质量标准的载体，而且是向消费者承诺达不到产品质量标准承担赔偿责任的载体。在以地名为品牌的传统农业阶段，农户是独自面对市场的；在以注册商标为品牌的生态农业阶段，农民通常要采用群体合作或与农业企业合作等措施。

生态农业通过可再生资源对不可再生资源的替代，低物级（能级）资源对高物级（能级）资源的替代，从资源到产品，产品消费后又成为资源的循环，达到更高的生产效率和更强的可持续性的统一，所以进入生态农业发展阶段后，原先按平均生产率由高到低顺序进入的边际土地开始由低到高反序退出，具体表现为退耕还林（草）、退牧还草和退田还湖，耕地的平均质量趋于上升，土地休耕现象再次出现，但休耕不再是为了恢复地力，而是为了限制农产品产量、保存土地生产潜力和改善农业生态环境。

2. 由应对农产品需求拓展到应对农产品和能源需求

从农业发展趋势看，21 世纪的农业还将由应对农产品需求的农业拓展为应对农产品和能源两个需求的农业。世界各国对生物质能源的关注始于 20 世纪 70 年代第一次石油危机之后。中国生物质能源的发展起步于农村户用沼气，而后是秸秆气化、生物质能源发电和生产燃料乙醇。

中国有约 1 亿公顷不宜种植粮食作物，但可以种植能源植物的土地。这些土地按 20% 的利用率计算，每年约可生产 10 亿吨生物质，至少可以生产燃料乙醇和生物柴油 5000 万吨。此外，藻类的生物量巨大，一旦高产油藻开发成功并实现产业化，藻类制取生物柴油的规模可以达到数千万吨。生物质能源的发展，将大大拓展农业发展的空间。发展生物质能源，有利于缓解能源供应紧张局面，保障国家能源安全；有利于保护和改善生态环境，促进可持续发展；有利于改善农村卫生状况和农民生产生活条件。①

中国的生物质能源生产已经形成一定规模。专家估计，到2020年，生物燃油的年生产能力将达到1900万吨，其中，生物乙醇1000万吨、生物柴油900万吨。国家已经制定了用来规范生物质能源生产的行业标准和相应的法律法规，以及推进生物质能源产业发展的财税政策。展望未来，中国生物质能源产业的发展空间会越来越广阔，采用的技术会越来越完善，在优化中国能源消费结构、净化环境和推动农村经济发展方面的作用会越来越重要。

3. 由经济可持续拓展到资源、生态可持续

从发展趋势看，农业还将由经济可持续的农业拓展为资源、经济与生态都可持续的农业。农业稳定、健康、持续地发展，取决于农业资本的投入能力、农业政策的协调能力、农业生态的支持能力、农业环境的缓冲能力、农业设施的保障能力，特别是人力资本的创新能力。在人力资本创新能力方面，教育是源，技术是力，人力是本；要充分发挥它们的作用，必须加速它们之间的传递和循环。自然环境对农业生产来说并不是完美无缺的，需要借助于要素投入来弥补自然环境的缺陷，特别是需要通过技术投入来提高资源利用效率，实现资源利用、经济增长和生态环境三者可持续性的统一。中国人均农业资源禀赋不足，必须以资源高效利用为切入点，创建资源节约、污染减少的集约型可持续农业技术

---

① 诺贝尔奖获得者、臭氧层研究专家保罗·克鲁兹恩领衔的一项新研究表明，同国际气候变化委员会（IPCC）所做的肥料对气候变化影响的预想结果（2%）相比，种植用于生物燃料的谷物释放出的温室气体一氧化二氮（N_2O）的数量约是预期的两倍（3%～5%）。油菜籽生物柴油的一氧化二氮排放导致的温度升高约是化石燃料排放二氧化碳引发温度升高的1～1.7倍，其对全球变暖的影响可能比使用化石燃料更大；玉米生物乙醇造成的温度升高约是化石燃料排放二氧化碳引发温度升高的0.9～1.5倍，是更合适的替代品。所以，经济合作与发展组织（OECD）的一份报告要求对生物燃料进行完整的生命周期评价，以免使问题变得更糟。

体系，不能强调集约化而忽略可持续性，也不能强调可持续性而排斥集约化。集约的可持续农业的核心，是基于资源高效利用的技术集约。作为一个缺乏大型农业企业的发展中国家，政府必须成为农业技术创新的投入主体之一，并有效地解决科技投入不足、投入机制不当和科研管理不善等问题，为提高农业竞争力、提升农业结构和增加农民收入做出贡献。培育集约的可持续农业的难度是很大的，然而，借助于政府的大力扶持和积极诱导，借助于广大科技人员的技术创新，借助于广大农民的能动性，农业的集约化与可持续是有可能实现统一的。

4. 由保障农产品供需平衡拓展到提升农产品国际竞争力

长期以来，中国农业政策的主要目标是实现粮食供需平衡，确保国家粮食安全。改革开放后，经过持续 20 年的艰苦努力，中国完成了主要农产品由长期短缺到总量平衡、丰年有余的历史性转变。但是，国内生产的农产品价格越来越高，政府发放的农业补贴越来越多，而农业竞争力没有明显的提升，也是不争的事实。要扭转这种局面，中国农业必须实现专业化分工、规模化经营、商品化竞争和集约化发展，农民必须继续从农业转移到非农产业，从农村转移到城镇，并通过自愿性的土地流转，逐步扩大留在农村的农户的土地经营规模，逐步提升中国生产的农产品的国际竞争力。这是关系国家长远发展的重大问题，必须给予足够的重视。

20 世纪 80 年代初以土地所有权与经营权分离为内涵的家庭承包制，完成了耕者有其田的回归，同时消除了小农民集中起来共同生产的诸多缺陷。现在要做的是开展自愿性的土地流转，扩大农户的土地经营规模。自愿性的土地流转是有了其他生计的农民的主动选择，好比农民将闲置的资金存入银行或用于投资。

在现实中，虽然土地的资本功能越来越强于土地的农业生产功能，仍有很多农民做出了借助于雇工维持小生产的选择。如果形成专业农户要借助于替多个兼业农户打工方能为生的格局，中国农业的国际竞争力将是难以提高的。为了促进自愿性的土地流转，进而扩大农地经营规模和提高中国农业竞争力，中央政府必须尽快做出旨在保障参与土地流转的农民的土地权益，特别要做出保障土地权益随着经济发展或地价上涨不断提高的制度安排；要出台鼓励农村人口迁移的政策，通过农村人口迁徙促进农业发展。

5. 由保障农民收入提高拓展到保障农民权利

这些年来，就增加农民收入论述农民收入的多，就农民权利论述农民收入的少。然而，对农民收入影响最大的可能不是税费，而是对农民权利的侵犯或农民权利的缺失。改革开放前，中央政府通过人为扭曲工农业的贸易条件（或工农业产品价格剪刀差）获取了6000亿元的农业剩余；改革开放后，各级地方政府通过低价征用土地从农民手中获得30多万亿元，给农民的估计不到5000亿元（周天勇，2013）。

农业生产力水平低，应给予农民各种补贴，是广大国民都认同的做法。然而从改革的逻辑上讲，要先把农民应该得到的权利赋予农民，使农民获得就业权利的平等、国民待遇的平等、政治参与机会的平等，再考虑给农民发放各种补贴的问题。一方面维系就业权利的不平等、国民待遇的不平等、政治参与机会的不平等，并通过强卖农民土地集中大量的财政收入，另一方面给农民一部分补贴，这样的改革显然有顾此失彼之嫌。

（四）农业发展的政策

农业具有弱质性成为很多人强调农业必须被保护的主要理由之一。然而，农业保护最多只能消除农业弱质性的负面影响，而不能消除农业弱质性。从国际经验看，发展现代农业是消除农业弱质性的关键举措。鉴于只有发展现代农业才能消除农业弱质性，使农业成为能与其他产业平等竞争的产业，所以发展现代农业才是消除农业弱质性的治本之策，而农业保护只是化解农业弱质性负面影响的治标之计。

2002年以来，中央和地方财政投向农业的补贴总额越来越大，但农业的弱质性并没有消除，农业的竞争力并没有提高，农民对农产品价格的满意度和从事农业生产的积极性也没有提高。面对这样一种状态，我们需要评估：究竟是花费越来越多的财政补贴保护一个始终无法同其他产业竞争的农业，还是花大力气建设一个能够同其他产业竞争的农业。答案是不言自明的。鉴于真正的现代农业不可能在一个脱离了市场竞争和没有市场风险需要防范的环境中形成，所以要建设现代农业，农业政策必须转型。具体地说，需要从以下三个方面进行农业政策转型。

1. 将替代农户规避风险的政策转为激励农户追求效益的政策

改革初期推行的家庭联产承包责任制，其政策实质是通过赋权激励农民提高生产效率，而现在采用的粮食最低收购价和临时收储等措施，其政策实质是通过化解市场风险确保农民收入不下降。应该肯定，这些政策具有稳定农业生产和保障农民利益的积极作用，但是不能忽略它们也有扭曲价格和增加库存等负面作用。其中，价格扭曲会降低农业资源配置效率，农业资源配置扭曲会挤压其他农产品生产，库存增加会破坏市场稳定。这些政策从短期看是有效的，从长期看，会因为累积的损失逐步增大而变得越来越难以为继。

作为世界上人口最多的国家，食物安全是至关重要的战略问题，任何时候都不可掉以轻心。保障食物安全的关键举措是消除农业的自然风险和市场风险。在化解农业的自然风险和市场风险方面，政府的责任是构建具有公共品性质的农业基础设施体系，具体包括农业技术研发和推广体系，农业气象信息和农产品市场信息收集、整理、分析和发布体系，以及道路、水利等农业基础设施体系，让广大农户能及时地得到所需的技术、信息和服务。农户或农场主的责任是优化资源配置，将其所在区域的资源比较优势和市场竞争优势充分发挥出来。只有形成了政府做好应由政府做的事情不承担农户职责，农民做好应由农户做的事情不承担政府职责的局面，才能把有作为的政府、有效率的市场和有追求的农户的潜力都充分发挥出来。

2. 将黄箱政策转为绿箱政策

虽然我国的农业生产补贴实际上产生的是补贴农民收入的效用，但我们仍然把它们界定为农业生产补贴。强调农业生产补贴的主要原因是担心农民不种粮。倘若只有农业劳动力转移而没有农地流转且农地利用没有任何限制，不种地的农户确实会越来越多。然而，中国的情形并非如此。这些年来，一方面农户的数量随着城镇化、工业化的推进逐渐减少，另一方面农业微观经营规模随着农地流转而逐渐增大。农业微观经营规模越大，就越适宜种植土地密集型农作物。在这种内生的农作物选择机制的作用下，粮食生产的下滑肯定是短期的和有限的。从理论上讲，这种短期的下滑是理顺农产品价格形成机制的必要条件。

政府支持农业是必要的，也是合理的。但是这种支持不应成为市场机制正常运作的阻碍。基于农业生产补贴对内会降低资源配置效率，对外会受到 WTO 规则约束的挑战，所以政府对农业的支持要集中在具有公共品性质的各种农业基础设施建设上，即便用于农民收入补贴，也要与农业生产脱钩。按照 WTO 规则的算法，我国对谷物、大豆的补贴已到达 8.5% 的边缘，棉花补贴已超出 8.5% 的上限。国际上通行的办法是把农产品价格补贴转为生态建设补贴，将其转为绿箱政策，以规避黄箱政策的限制。例如美国，2014 年农业法案颁布后，它的黄箱补贴降到极低水平。我国也要将农业黄箱补贴调整为绿箱补贴。

最近几年，我国农业生产成本快速攀升。目前，国内农产品价格已经高于配额内的进口农产品到岸完税价格。例如，牛羊肉和猪肉的进口到岸完税价格每吨分别不到 26000 元和 12000 元，不到国内零售市场上牛羊肉和猪肉价格的一半。在这种情形下提高国内农产品价格，既有增加农民收入的一面，也有加大国外农产品进口压力的一面。中国作为一个人均农业资源相对稀少的人口大国，利用国外农业资源和国际农产品市场调剂国内农产品供给，减轻国内农业的资源环境压力是必要的。但是，农产品大量进口会影响我国农民的就业和收入。这意味着我国已不再适宜采用提高农产品价格的办法来增加农民收入了。

3. 将生产补贴政策改为生态补偿政策

一些学者以农业是弱质产业为依据来解释政府给农民的补贴，并把政府对农民的所有支付都视为农业补贴。其实，经济发展所处的阶段不同，农民从政府那里得到的收入的经济含义有很大的不同，政府对农民的支付的初始目标是保障农产品的产量，尔后，目标扩展到保障农产品品质和保障农业的可持续性。近些年出现的生态补偿，则不在补贴的范畴内了。与这种变化相对应，农村改革理论研究也要从补贴的改革深化到补偿的改革。

生态系统服务价值①评估是一项复杂的活动，其中既涉及经济学家擅长的经济学理论和方法，也涉及经济学家所欠缺的生态学、地理学等知识。国内有关生态系统服务价值的评估，总体上处于引进国外相关理

---

① 生态系统服务价值分为直接使用价值、间接使用价值、选择价值与存在价值4种类型。（1）直接使用价值，是指可以用市场价格进行度量的价值，如直接从市场价格中得到木材的价值。（2）间接使用价值，是指无法商品化的生态系统服务价值，如森林涵养水源、保持水土的价值。（3）选择价值，是指为了将来利用某种生态系统服务功能的支付意愿，分为自己将来利用、别人将来利用和子孙后代利用三类。（4）存在价值，是指确保生态系统服务能继续存在的支付意愿。生态系统服务价值大致有三类评估方法。（1）直接市场评价法。即通过市场价格评价生态系统服务价值，如土壤变化对农作物产量的影响。（2）假想市场法。即通过寻找替代产品评价没有市场的生态服务价值，如环境改善对社区的影响，可以通过社区内房地产价格的历史变化分离出环境改善的价值。（3）模拟评估法。这是评价既没有市场，又无法采取替代市场的生态服务价值的评价方法，如利用问卷或电话等方式向调查对象进行调查，利用人们的支付意愿（或受偿意愿）来评价生态系统服务的价值。

论、运用国外开发的各种评估方法，进行案例研究的初级阶段，尚不具备按照生态系统服务价值确定补偿标准的条件。但是，这并不能成为不必把生态补贴拓展到生态补偿的理由。目前比较可行的做法是：根据中央政府的转移支付能力确定补偿标准和补偿范围，并随着财政转移支付能力的提高，逐渐提高补偿标准和扩大补偿范围。

4. 将实物形态的产权政策转为价值形态的产权政策

随着流出承包地的农户不断增加、流转形式不断增多、流出规模不断增大，实物形态的土地产权安排变得越来越不适应要求了。现有的说法是，农村集体经济组织成员对土地拥有承包权和经营权，他们只是把经营权流转出去，承包权仍然留在手中。这种说法值得商榷。对于土地流转引发的问题，不应在原有的产权结构里寻找新的解释，而应对现有农地产权结构做进一步完善。最适宜的办法是把隐含的土地股权显在化。1950 年代的农村集体经济，是以农户土地折股入社的方式形成的。现在将隐含的、模糊的股权显在化、具体化，是顺理成章的事情。集体土地股权显在化有三个好处：第一，集体经济组织成员对集体土地所有权的主张能得到法律保护，并能保持集体经济组织成员的稳定性；第二，有效解决农户让渡了承包的土地经营权而使其失去与集体土地的关系的问题；第三，规范土地流转的主体。即只有拥有集体土地股权的集体经济组织成员有权流转其可支配的土地经营权。从流转得到的土地经营权不能再流转给其他经营主体，以免出现一轮又一轮的土地经营权流转，甚至出现一个以流转土地经营权为生的经纪人群体。

农村集体土地的股权是长期不变的，具有很强的稳定性，它适宜用权证的方式界定。农村集体土地的经营权是经常变动的，具有极强的灵活性，它适宜采用契约的方式加以界定。拥有集体土地股权证（相当于房产证）的集体经济组织成员，既可以自己使用归于其名下的集体土地经营权，也可以把归于其名下的集体土地经营权全部或部分让渡给承租人使用，此时集体土地股权证（房产证）仍在自己手里。

集体经济组织向其成员发放土地股权证后，集体土地的所有权仍然归集体经济组织成员共同所有，是一个不可分割的整体。集体土地股权按照公平原则在有资格的集体经济组织成员内部分配，实现了集体土地的按份共有。它既可以分割，又可以合并。

5. 将方针政策转为法律法规

2004 年以来中共中央连续下发了 12 个"一号文件"。这些文件对于促进农业增长、农民增收和农村发展，发挥了极为重要的作用。然而从长期看，用一年一个文件的方式对农村工作做具体的部署，并不是唯一可做的选项。长此以往，有可能滋生出政府工作究竟是依照文件行政还是依照法律行政的问题。如果每年一个文件，广大农民和乡村干部每年都会有一个新的预期。这种做法尽管会对改进短期决策产生某种影响，但难以形成一个稳定的长远预期，又或多或少地会对长期决策施加消极的影响。每年一个文件的做法，毕竟是不可能持续下去的，客观上需要以法律导向的宏观政策环境替代文件导向的宏观政策环境。

21 世纪以来连续出台的 12 个"一号文件"，形成了较为完整的强农惠农富农政策体系。下一步的工作是把成熟的政策措施法律化，在法治的轨道上推进农村改革，使农民获得全面的法律援助和司法服务。及时地将行之有效的政策上升为法律，及时修改和废止不适应改革要求的法律法规，先行先试的改革试点按照法定程序做出授权，是加强农村法治建设的题中应有之意。

中央和地方政府要按照农民的诉求和实现治理体系和治理能力现代化的要求，统筹推进有关农村的法律法规制定与修改工作，健全"三农"支持保护法律制度，保护农村集体产权和农民财产权，保障农村各类生产经营主体公平参与市场竞争，保障市场在资源配置中发挥决定性作用，支持农民群众通过合法途径维权。同时，各级地方政府要发挥村民民主协商在乡村治理中的积极作用，把农村法治建设和乡规民约建设结合起来，提升农村的治理水平。

二　中国农村发展展望

（一）农民享有完全的国民待遇

从短期看，既可以采取农民为政府多做贡献的政策，也可以采取政府为农民多做贡献的政策；而从长期看，无论要农民为政府多做贡献的政策，还是要政府为农民多做贡献的政策，都会有后遗症。真正要实施的是国民待遇无差异政策，确保农民享有完全的国民待遇。凭借这样的宏观政策环境，引导农民把收入增长建立在增强自身竞争力的基础上。

1. 农民拥有充分竞争的机会

20世纪80年代中期以来，农业劳动力转移的规模越来越大，农业中的隐蔽失业现象得到了很大的缓解，也加快了农村劳动力流入地的经济发展。但是，至今仍然存在农村人口迁徙难的问题。为实现城乡居民的机会平等，必须继续深化户籍制度改革。户籍制度改革的关键并非准许农民获得城市户籍，而是取消隐含在户籍制度中的各种权利，使户籍仅仅作为居民居住地的证明，从而拆除这个阻隔城乡和谐发展的制度门槛。随着体制改革的深化和经济、社会的快速增长，以赋予城乡居民自由迁徙权利为主要内容的户籍登记制度替代现行户籍制度的条件已经具备了。城市不能以其"只缺劳动力，不缺市民"为理由，迟迟不愿放弃户籍管制。

耕地数量减少和利用强度下降是近些年来出现的较为严重的问题，而政府随意征用农民的土地，随意决定补偿标准，农民的土地权益难以得到保障，则是更为严重的问题。解决前一个问题的主要举措是稳定土地承包政策，使农民对土地形成长期和稳定的预期，进而采取改良土地的行动；发育土地经营权市场，促进农户间自愿性的土地经营权流动，实现土地适度规模经营与家庭经营的有机统一，提高耕地利用效率。解决后一个问题的主要举措是从法律上赋予农民与征地者平等谈判的权利。集体土地承包给非集体成员经营，必须得到绝大多数利益相关者的同意，以有效制止乡村干部强行出租集体土地、强行收回农民承包地的行为。改革土地占用审批制度，从制度上保障被征地农民的土地权益。在经济发展过程中，部分耕地非农化是难以避免的问题，但要最大限度地减少耕地占用。为了达到这一目标，首先要设计一套能激励企业家最大限度地提高土地利用效率的政策，这是把最严格的耕地保护制度落到实处的关键所在。其次要努力提高基本农田的质量，确保可比性耕地面积不下降。最后要做好征地补偿工作，切实保障农民的合法权益。

在现实中，农民有很多收益率高的生产项目，对于这些项目，农民可接受的贷款利率高于商业银行的贷款利率，但大银行对这些贷款量极小的业务没有兴趣。为满足农民的金融需求，要按照增量改革的思路发展地方民营商业银行。政府的责任是对这些金融企业的业务实行严格的监管，引导金融企业承担其应尽的社会责任。在严格监管、有效防范金融风险的前提下，鼓励农民成立自我服务的地方性金融组织，鼓励各类信用担保机构积极开展符合农村特点的担保业务，并赋予农民抵押土地经营权获得银行贷款的权利。

2. 农民掌握新增的知识和技能

农民可以通过培训体系学到所需的知识和技能。第一，以立法的方式规定，在工农差异尚未消失之前，政府用于农民培训的财政投入的增长率大于用于农村的财政投入的增长率，同时改进财政培训资金使用的管理方式。第二，根据农民所需掌握的生产技能充实培训内容，创新培训方式，完善培训机制，提高农户的生产技能、经营能力和市场意识。第三，促进高等农林类教育、农村职业技术教育和农村成人教育。第四，加强政府对培训市场的监管，促进不同培训机构的竞争。第五，引导城市教师、医生、科技人员和文化工作者为农村提供阶段性的志愿性服务，鼓励大中专院校毕业生到农村工作。

3. 农民享有完全的国民待遇

赋权是将蕴藏在农民身上的财富创造能力充分发挥出来的有效手段，也是改革以来农村发展的基本经验。改革初期农产品的快速增长，是赋予农民自主经营土地的权利的结果；1980年代中期农村非农产业的快速发展，是赋予农民选择就业机会的权利的结果；1990年代，农村社区干群关系的改善，是赋予农民选举村领导人的权利的结果。然而，对农民的赋权尚未完成，向农民赋权仍是深化农村改革的重点。向农民赋权，有利于提高政府目标和农户目标的互补性，使政府目标得到农民的广泛支持。

第一，赋予农民自由迁徙的权利。农民工实际上已经成为我国产业工人的主力军，但是，由于缺乏融入城市社区的权利，农民工及他们的家属转为市民的比例很小。为了扭转这种局面，必须赋予农民自由迁徙的权利，形成农村人口和农业劳动力数量持续减少与留村农户的农地平均经营规模逐渐扩大相关联的机制，使农民收入的增长建立在要素报酬率提高、就业结构提升和农业竞争力提高的基础上。第二，赋予农民为降低交易成本、学习成本和增加借款机会而结社的权利。近年来，我国农村的经济合作组织有一定的发展，它们从扩大交易规模、改善技术服务环境等方面降低了农民的交易费用和学习成本，间接地为增加农民收入做出了贡献。但是，农民的组织化程度与农民的需求相比还有较大的差距，所以，应赋予农民为增收而结社的权利，并采取各种措施规范和引导农民经济合作组织的发育。

（二）农业具有国际竞争力

中国作为一个拥有 13 亿人口的大国，建立一个具有竞争力、能直接使职业农民致富的农业，是不可或缺的重要任务。为了达到这个目标，要做好以下工作。

1. 提高农业综合生产力

提高农业综合生产力要从不断减少农民的数量，不断扩大农户的土地经营规模入手。具体举措是：在政策层面上，加强农村劳动力的非农技能培训，增强农民进城就业的能力；降低农民进城的"门槛"和农民变市民的机会成本，依法保护农民进城务工和定居的合法权益。借助于工业化和城镇化的快速发展，确保农业劳动力就业比重每年下降 1 个百分点（1981～2001 年的 20 年间，农业劳动力占社会总劳动力的份额年平均下降 1.3 个百分点）。在社区层面上，不断完善水田和旱地的生产性基础设施建设，提高农业抵御异常气候的能力；在农户层面上，引导农民采取改土施肥、合理用地等措施，不断提高土地的肥力；以标准化生产为切入点推进农产品的品牌化经营，提高农产品附加价值。

2. 引导农民开展营销合作

农民的力量不取决于人数，而取决于组织化程度。农民分散经营，势单力薄，进入市场难，保护自身利益也难。农业要在坚持以家庭为基本生产经营单位的基础上，开展农户之间或农户群体与企业之间的营销合作，扩大交易规模，有效地降低农民购买生产要素、销售产品的交易成本和学习技术的成本，从而把家庭生产的优势与合作经营的优势有效地结合起来。

近年来，农民专业合作组织有所发展，它们在为农民提供科技、信息、资金、物资和产品销售服务，增加农民收入方面发挥了作用，但农民合作经济组织的普及程度还不高，服务功能还不强，对农民还没有足够的吸引力和凝聚力。要改变这种状况，必须深化改革，清除各种阻碍合作经济发展的因素，切实保护各类农民合作经济组织及其成员的合法权益，为农民合作经济组织的发展创造更好的宏观政策环境。各级政府要对合作经济组织技术引进、人员培训、农产品促销等活动给予一定的财政补贴和提供更多的便利，要鼓励金融机构向农民合作经济组织的生产经营活动提供贷款，同时要遵循维护农民经营主体和财产主体的利益的原则，尊重农民的意愿的原则，以及"民办、民营、民受益"的原则。

为了使中国农民合作经济组织有能力发挥我国农业的资源比较优势，有能力利用其他国家的资源比较优势，有能力参与国际竞争，农民营销合作既要依靠社区组织资源，又要扩大合作的尺度，超越社区的界限和地域的界限。

3. 建立健全农业技术推广和服务体系

要深化农业技术推广体系改革，改变目前按行政区划设立农业科研体系的做法，集中优势力量对农业重大科研项目进行联合攻关，力争在应用研究、高新技术产业化、农业基础研究等方面都有所突破。要完善农业技术创新体系和推广体系，上端形成国家基地、区域性农业科研中心、大专院校，涉农企业为一体的农业技术创新体系和国家、省、市、县四级农业信息网络体系，下端形成以技术员为纽带，以示范户为核心，连接广大农户的技术传播网络，不断提高科学技术对农业增长的贡献率。要鼓励大专院校、公司企业、社会组织开展农业技术服务，逐步形成以它们为主承担技术推广任务的农业科技推广制度。要发育向农民提供产前、产中、产后服务的商业化的服务机构，使小农户也能适应农业规模化、标准化、现代化的发展要求。

4. 构建与世界农业对接的机制

有些官员和学者以农业是关系国计民生的特殊产业为依据，强调要实施粮食等主要农产品在国家层面上基本自给自足的农业保护战略。其实，中国农业同样要实施两种资源、两种市场的策略。要做到这一点，就必须构建与世界农业对接的机制。

从理论上讲，资源在世界范围内流动，有利于进一步优化资源配置，进而给融入世界经济一体化进程的各国带来合作共赢的结果。从现实中看，融入世界经济一体化给我国农产品的消费者带来了福利，也给中国农产品的生产者参与国际分工、国际贸易、国际合作带来了机会。尽管融入世界经济一体化对农业生产者的利益具有不确定性，但决不能因为存在这种不确定性而不融入这个进程。第一，农产品的消费者总是多于农产品的生产者，这个差值会随着经济发展变得越来越大。为了消除数量较少的生产者的利益不确定性而牺牲为数更多的消费者的福利，显然是有片面性的。第二，农业是淡水资源与土地资源密集型产业，农产品进口具有利用国外淡水资源和土地资源的含义，对中国农业可持续发展和生态保护是有好处的。第三，农产品的供给源越多，达到供需平衡的可选择性就越多，政府调控供需平衡的成本就越低。第四，有了国际竞争压力，政府农业主管部门就会着力构建应对国际竞争的农业经济运行机制和管理体制，生产者就会依据国际市场信号努力寻找比较优势和培育竞争优势，提高平均经营规模，提高农民组织化程度，从而形成具有国际竞争力的农业生产经营体系，最大限度地分享国际化的正面效应、规避它的负面效应。

5. 完善农业扶持政策

农业处于弱势地位是二元经济转换时期的特殊现象。一旦传统农业被现代农业所替代，这种现象就不再存在了，即农业扶持政策会随着现代农业的发展而变得越来越不重要，乃至越来越不需要。我国的二元经济结构转换尚未完成，客观上需要对农业实施扶持政策。简略地说，农业扶持政策应该包括两个方面，一是激励农民生产积极性的扶持政策，二是提高农业生产能力的扶持政策。从政策效果看，前者是快变量，但作用是一次性的；后者是慢变量，但作用具有持续性。从长期看，后者是完善农业扶持政策的重点。

经济发展阶段不同，政府支持农业的经济含义也不同，总是以保护主义的视角看待农业补贴，可能会有失偏颇。政府最初的农业支持政策确实是与保障农民收入和国民食物安全相关的。但今后的农业扶持除了保障农民收入和国民食物安全外，还要保障农业可持续发展和农业资源与环境可持续利用。①中国农业发展已经进入了新阶段，与此相对应，中国农业扶持政策的目标也要有相应的提升，即在保障粮食综合生产能力的前提下，建立农业可持续发展和资源环境可持续利用的保障体系。

6. 发展县域经济

改革开放以来，农村为我国经济社会发展做出的巨大贡献大多转移到了城市，农村的竞争力没有明显提高，城乡发展差距也没有明显缩小。为了扭转这种局面，应把加快县域经济发展作为统筹城乡协调发展的主要举措。具体地说，要以省县直辖体制替代市管县体制，使县级拥有更大的发展自主权和决策权。要改善民营经济发展的政策环境，以激发县

---

① 1933 年，美国政府就通过颁布《农业调整法》对农业实行了保护。后经历届政府的完善，形成了以保护农业为主旨的联邦农业政策体系。但是，巨额农业补贴导致的赤字给联邦政府带来很大的财政压力和舆论压力。于是，美国政府在 1985 年和 1996 年两次颁布农业法案，实行市场化取向的农业改革。2002 年的农业法案将政策目标扩展至 4 个，即避免和抑制农产品过剩而导致的农业危机，维护农业健康发展；提高农产品的安全、营养、便利，提高美国国民生活质量；加强资源与环境保护，保障农业可持续发展；促进农村社会发展。目前，农民得到的政府补贴与他们为改善环境做出的贡献的关系越来越紧密了。

域经济发展活力。要以县城为重点建设小城镇，培育有竞争力的特色产业，将县域经济的潜力挖掘出来，拓宽农村劳动力就业和农村人口转移的渠道。发展县域经济和特色产业可以采用两种方式：一是通过发展龙头企业打造地区品牌，二是采用企业集群的方式追求外部规模经济。我国的实践表明，采用企业集群的方式形成外部规模经济的可行性，要大于培育龙头企业形成内部规模经济的可行性。企业集群可以采取共同打造、共同分享品牌的方式。

（三）农村社会全面发展

1. 农村社区具有民主决策机制

村民直选的制度安排，使村委会与村民的关系得到了改善，下一步要扩大直选的范围，提高选举制替代任命制的层级，从制度上确保官员履行为选民服务之责。今后应重视两方面的工作。一是针对村民自治实践中产生的新问题、新经验，着手修改《村民委员会组织法》，以解决法律不适应实践的问题。二是深化配套改革，以改善乡村民主政治发展的政策环境。

2. 农村社区具有公共管理机制

政府大包大揽农村社区公共事务既不现实，也不合理。对于俱乐部物品，应该借助于"一事一议"制度，依靠社区农民的集体行动来完成。以"一事一议"制度替代"义务工""积累工"制度，旨在保护农民对俱乐部物品的决策权、管理权，其在性质上是以诱致性制度安排替代强制性制度安排，在方式上是以自下而上替代自上而下，在特点上是以"农民要做"替代"要农民做"。

规范和引导农民组织的发育。发育农民组织有利于完善农村治理结构，有利于优化基层政府职能，有利于社会稳定。近年来，我国的村民自治组织、经济合作组织、社会公益组织都有一定的发展，它们在增加农民收入、提供公共服务、维护农村稳定和化解社区矛盾等方面发挥了积极作用。各级政府应采取各种措施规范和引导农民组织的发育。

规范政府和官员行为。确保政府和官员依法行政，认真履行保护合法产权、维护公平竞争和提供公共产品的职责。

3. 农村社区具有布局规划

要加强乡村规划和规划管理。农村社区的住宅、道路、供水、排水、供电、垃圾收集、畜禽养殖场所等农村生产、生活服务设施的建设，公益事业等各项建设的用地布局和建设等，都必须严格遵守具有法律效率的乡村规划及其相关法律法规，使乡村达到村容整洁、生态良好、资源得到有效利用的要求。

4. 农村治理结构和治理能力现代化

中国农村要依据党的十八大提出的政府治理结构和治理能力现代化的目标要求，建立强化服务、行为规范、公正透明的农业行政管理体制，全面完成从"管理农民"到"服务农民"的转换。

第一，严格执行依法行政的原则。农民是中国最大的社会群体，农村稳定是国家长治久安的基础。为了保护农民的生产经营自主权和财产所有权，保障农民的民主权利，避免政府公权对农民私权的侵犯，进而影响农村稳定，政府对农民、农业和农村的管理，无论采用行政手段还是经济手段，都必须严格遵循已确立的"依法行政"的原则，都要有法律依据和明确的法律授权。

第二，以公共服务最大化为目标优化政府机构设置。企业的目标是通过优化配置可支配的资源，实现利润最大化。政府的目标是通过优化配置可支配的公共资源，实现公共服务最大化。近些年来，各级地方政府一直将精简机构、减少公职人员作为改革的目标。推行这种改革，政府的薪金支出可能有所减少，但精简的往往是为农民提供服务的人员。其实，纳税人供养的公职人员人数随着经济与社会的发展增多是正常的现象，不必大惊小怪。政府改革的目标是由服务型政府替代管理型政府，使替纳税人提供服务的公职人员越来越多，管理纳税人甚至替纳税人做主的公职人员越来越少。

政府要把公共服务最大化作为改革目标，转变沿袭了数千年的官员意识，包括以民主意识替代封建意识，以为民服务的意识替代为民做主的意识，以履行职责的意识替代炫耀政绩的意识，以人民管家的意识替代人民领袖的意识，以政府公共资源的支配必须接受监督的意识替代政府公共资源可由自己随意支配的意识。

政府做事与企业、非政府组织做事相比，存在权利与义务不对称性更大的问题，所以政府要把政府可以做、企业和非政府组织也可以做的事情尽可能地交给企业和非政府组织去做。政府是永远存在的，变化的是执政的人；企业和非政府组织是难以长期存在的，组织维持存在的难度越大，其行为就越谨慎。这是政府敢于把可以自己做、也可以让企业和非政府组织做的事情交给企业和非政府组织做的重要依据。这样，政府就能集中精力做企业和非政府组织都做不了的公共事务，就能集中精力评价和甄别企业和非政府组织履行的社会责任。承担公共事务的企业和非政府组织越多，他们之间的竞争就越充分，他们承担社会责任的意识和风气就会越强，他们承担的公共事务就会做得越好。所以，一个高明的政府是能最大限度地把原本需要自己做的事情转交给企业和非政府组织去做的政府，而不是所有事情都亲力亲为的政府。

我国的部分官员的思路正好相反，认为只有把钱集中起来才能办大事，并把它视为社会主义制度的优越性。官员想办的大事，无非是削弱前人的历史地位，抬高自己的历史地位。如果总是这样，就将停留在自己推倒前人、再被后人推倒的怪圈中；就将停留在GDP增长很快，社会财富积累很少的怪圈中。官员形成这种认识，主要是受自上而下的政绩评价机制、升迁机制的影响。要扭转这种意识，必须实行自下而上的政绩评价机制，即官员的政绩要由老百姓的认同来衡量，官员的升迁要由老百姓的选票来确定。

5. 农村社区具有完善的监测评价体系

在现实中，人们对任何农村重大问题都有极为不同的看法，究其原因，表象是数据的不充分和来源的多元性，而它的实质是农村监测评价体系不完善。由于缺乏翔实的依据，政府出台的一些重大工程也具有一定的随意性，例如退耕还林工程的上马和规模上的波动。一个较为完善的农村发展监测评估体系，对于政府做好农村发展的宏观调控具有至关重要的作用。近几年，农村监测评价有了较为显著的进展。要抓住这个机会和已有的基础，尽快把农村监测评估体系建立起来。

第一，改进农村监测评价方式。农村监测评价方式的改进包括两方面内容：一是将自上而下的监测评价改为自上而下的监测评价与自下而上的监测评价相结合、相印证的监测评估体系；二是将客观上存在的单一的 GDP 监测评价改为综合监测评价。

第二，提升农村监测评价体系。要由注重经济变化的监测评价拓展为涵盖经济、社会和生态的监测评价；农民收支监测评价要拓展为农民行为监测评价；生态变化监测评价要由单一的地表植被变化监测评价扩展为包括地表植被变化、地下水位变化和生态服务价值变化三位一体的监测评价。

第三，实行公共事务公示制度。县乡政府的财政收支缺乏透明度，是滋生腐败的制度性缺陷。根除少数官员的腐败行为必须从制度创新入手。实行公示制度，提高公共事务的透明性，有利于消除腐败，有利于提高农民参与管理的能力，有利于提高农村社区成员之间的公平程度。

第四，建立农村应急反应机制。农村监测评估体系是政府获取农村信息和改进农村政策的信息源。一旦建立了这样一种监测评估体系，建设农村应急反应机制就水到渠成了。

参考文献

党国英：《新世纪中国农村改革：反思与展望》，《中国国情国力》2000 年第 3 期。

马克思：《剩余价值理论（1861～1863 年）》，载《马克思恩格斯全集》第 26 卷（Ⅱ），人民出版社，1973。

刘江主编《21 世纪初中国农业发展战略》，中国农业出版社，2000。

刘巽浩、高旺盛：《21 世纪中国农业如何持续发展》2002 年第 7 期。

卢良恕：《21 世纪我国农业科学技术发展趋势与展望》，《世界农业》1998 年第 10 期。

周天勇：《土地流转需要深入和系统改革》，《中华工商时报》2013 年 11 月 5 日。

后　记

　　"中国梦与中国发展道路研究丛书（英文版）"是社会科学文献出版社谢寿光社长策划与主抓的项目，与德国施普林格自然出版集团合作出版，通过对中国经济社会等各个领域持续 20 多年、全面系统的实证研究，对中国发展道路进行分析、展望。丛书包括经济系列、社会系列、政治系列、法治系列、文化系列、生态系列等六大系列，全方位研究和展示中国梦与中国发展道路。2015 年中国社会科学院经济学部举办经济形势分析与预测研讨会期间，谢寿光社长委托经管分社社长恽薇找我，要我花几个月的时间把有关中国农业改革与发展的研究成果整理成书，列入该系列丛书。《中国农业改革与发展》英文版已于 2016 年由社会科学文献出版社和施普林格自然出版集团共同出版。

　　在《中国农业改革与发展》中文版出版之际，我要向为本书出版做出贡献的人士和机构表示感谢。首先，感谢张晓山和蔡昉两位学部委员对本书的推荐和《中国梦与中国发展道路研究》丛书编委会的认同。其次，感谢农村发展研究所所有学术委员赞成将该书列入创新工程出版计划和中国社会科学院创新工程提供出版资助。再次，感谢谢寿光社长、恽薇分社长的信任和社会科学文献出版社各个部门的支持。最后，感谢责任编辑陈颖同志。她为本书的出版付出了大量精力，为本书的完善提出了很多修改意见。

　　虽然中国社会科学院和农村发展研究所、我的领导和我的同事为我提供了一个向国内外读者介绍中国农业改革与发展的机会，我也做了努力，但是受视域和学识的双重束缚，本书一定还有许多不尽如人意的地方。敬请大家不吝指正。

李　周

2017 - 8

图书在版编目（CIP）数据

中国农业改革与发展 / 李周著. -- 北京：社会科
学文献出版社，2017.9
ISBN 978 - 7 - 5201 - 0852 - 2

Ⅰ.①中…　Ⅱ.①李…　Ⅲ.①农业改革 - 研究 - 中国
②农业发展 - 研究 - 中国　Ⅳ.①F32

中国版本图书馆 CIP 数据核字（2017）第 114754 号

中国农业改革与发展

著　　者／李　周

出 版 人／谢寿光
项目统筹／陈　颖
责任编辑／陈　颖

出　　版／社会科学文献出版社·皮书出版分社(010)59367127
　　　　　　地址：北京市北三环中路甲 29 号院华龙大厦　邮编：100029
　　　　　　网址：www.ssap.com.cn
发　　行／市场营销中心（010）59367081　59367018
印　　装／三河市东方印刷有限公司

规　　格／开　本：787mm × 1092mm　1/16
　　　　　　印　张：14.5　字　数：190 千字
版　　次／2017 年 9 月第 1 版　2017 年 9 月第 1 次印刷
书　　号／ISBN 978 - 7 - 5201 - 0852 - 2
定　　价／79.00 元

本书如有印装质量问题，请与读者服务中心（010 - 59367028）联系